南开法律评论

NANKAI LAW REVIEW

《南开法律评论》编辑部 ◇ 编

第十三辑

中国检察出版社

图书在版编目（CIP）数据

南开法律评论. 第十三辑/《南开法律评论》编辑部编. —北京：中国检察出版社，2019.5

ISBN 978 - 7 - 5102 - 2273 - 3

Ⅰ.①南… Ⅱ.①南… Ⅲ.①法律 - 文集 Ⅳ.①D9 - 53

中国版本图书馆 CIP 数据核字（2019）第 044478 号

南开法律评论　第十三辑

《南开法律评论》编辑部　编

出版发行：中国检察出版社

社　　址：北京市石景山区香山南路 109 号（100144）

网　　址：中国检察出版社（www.zgjccbs.com）

编辑电话：(010)86423753

发行电话：(010)86423726　86423727　86423728

　　　　　　(010)86423730　68650016

经　　销：新华书店

印　　刷：北京玺诚印务有限公司

开　　本：710 mm×960 mm　16 开

印　　张：7.25

字　　数：128 千字

版　　次：2019 年 5 月第一版　2019 年 5 月第一次印刷

书　　号：ISBN 978 - 7 - 5102 - 2273 - 3

定　　价：26.00 元

《南开法律评论》编委会

目　　录

罪刑法定派生原则本土化的
困境及其出路研究

车剑锋*

摘　要：罪刑法定原则的派生原则原本应当是具有指导意义的操作规则，但是在我国的刑事司法实践中，作为舶来品的罪刑法定派生原则在与本土法治资源融合的过程中出现了诸多困境。造成困境的主要原因在于我国刑法理论混淆了罪刑法定原则本体和其派生原则的关系，导致派生原则的绝对化、理念化与仪式化，背离了其操作规则的本质。要解决困境，就必须树立工具理性，对罪刑法定原则进行二次本土化，通过"最高限度罪刑法定"与"最低限度罪刑法定"的划分，根据刑事司法实践的需要，在具有典型性的个案中，对罪刑法定派生原则进行工具化改造。

关键词：罪刑法定原则　派生原则　本土化　最高限度的罪刑法定　最低限度的罪刑法定

一、问题的提出

罪刑法定主义的派生原则，就是从罪刑法定主义中引申出来，对于刑法具有指导意义的一些操作规则，它可以使我们全面地理解罪刑法定主义。① 换句话说，尽管罪刑法定原则明确规定于我国《刑法》第3条中，但是其"法无

---

* 车剑锋，法学博士，中共天津市滨海新区委员会党校副教授。本文为2017年天津市社科规划青年项目"美国刑法中的罪刑法定原则研究"（项目批准号：TJFXQN17–004）的阶段性研究成果。

① 陈兴良：《罪刑法定主义》，中国法制出版社2010年版，第43页。

明文规定不为罪，法无明文规定不处罚"的内容表述具有较强的原则性，难于具体把握，因而罪刑法定原则的内涵是通过派生原则的方式表现出来的。在我国，通说认为罪刑法定的派生原则可以分为形式侧面和实质侧面，形式侧面包括：成文法主义或法律主义、禁止事后法（禁止溯及既往）、禁止类推解释、禁止不定刑与绝对不定期刑。实质侧面包括：刑罚法规的明确性原则和刑罚法规内容的适正的原则。[①] 如果说罪刑法定原则的内涵由其派生原则展现，那么罪刑法定原则在本土化过程中存在的问题，也会反映在其派生原则上。进一步，我们也可以说，罪刑法定原则的派生原则存在问题，会直接影响到罪刑法定原则在我国的命运。从 1997 年至今，罪刑法定原则在我国实现立法化已经经历了 20 个年头，罪刑法定主义从一个亟待引入的刑法理念，已经成为了为刑法理论和司法实务所接受的刑法第一原则。在其派生原则上，理论界却存在相当多的误解，导致与罪刑法定原则并不匹配。[②] 其中最为主要的误解可能在于，法定的应该是罪刑法定，而非其派生原则。换言之，我国《刑法》第 3 条明文规定的是罪刑法定的本体，其派生原则本来就是为了提升罪刑法定原则的可操作性，而对其进行的解释或者改造。派生原则本身是一种学理观点，一种建立在"适用"基础上对罪刑法定主义的扩展。我国学者恰恰是混淆了坚持罪刑法定原则与坚持其派生原则两个不同的问题，试图在派生原则的司法适用上，做到以不变应万变。如果说，我国罪刑法定原则的派生原则是在对我国刑事司法实践的高度概括和归纳的基础上形成的本土法治共识，那么坚持已经成为法治传统的派生原则也无不可。关键是，我国罪刑法定原则的派生原则并非产生于我国司法实践的现实状况，而是彻彻底底的理论舶来品。换句话说，在我国达成共识的派生原则的具体内容，实际上是综合了大陆法系与英美法系各个国家派生原则内容的结果。大陆法系是成文法体系，注重罪刑法定原则的法典化、成文化，因此，它更多强调的是一种形式主义的罪刑法定原则。与大陆法系不同，英美法系是不成文法系，因此，它奉行的是一种实质主义的罪刑法定原则。[③] 由于法律传统不同，各国罪刑法定派生原则内容也大相径庭。这正说明了，派生原则不应当是纯粹的理论建构。拿"新鲜出炉"的域外理论来套国内的司法实践，当然可能会出现各种水土不服的症状。在此，本文试图在对罪刑法定原则的派生原则在我国本土化的困境进行考察的基础上，提出可

---

① 张明楷：《罪刑法定与刑法解释》，法律出版社 2009 年版，第 26—46 页。

② 聂昭伟：《罪刑法定主义派生原则的功能廓清》，载《上海大学学报（社会科学版）》2010 年第 2 期。

③ 罗翔：《冲出困境的罪刑法定原则》，中国法制出版社 2007 年版，第 4 页。

能的解决策略。

二、罪刑法定派生原则本土化的困境分析

如果承认罪刑法定原则的派生原则是对罪刑法定本身的可操作化处理，以此为出发点，我们会发现世界各国在"法无明文规定不为罪，法无明文规定不处罚"的传统罪刑法定理念的基础上，结合自身法治发展的不同状况，逐渐形成了虽具有一定的相似性，但不尽相同的罪刑法定派生原则。在德国，罪刑法定原则的派生原则包括：禁止习惯法、禁止溯及既往、必须具有明确性、禁止类推。① 在日本，罪刑法定原则的基本内容，历来有排除习惯刑法、禁止类推适用、禁止溯及处罚、禁止绝对不定期刑四项。但实际上，罪刑法定原则的内容，并不仅限于此。② 罪刑法定原则的实质内容，可以从刑罚法规的用语明确，并且内容适当，这样两个方面加以寻求，包括明确性原则和实体的正当程序。③ 在美国，不同学者对罪刑法定原则派生原则的归纳，存在较大的差别。将不同论述的交集部分提炼出来，美国刑法罪刑法定原则的派生原则包括：（1）禁止事后法（Ex Post Facto Law），又称为禁止溯及既往（Non‑retroactivity）；（2）宽宥原则（Rule of Lenity），又称严格解释原则（Strict Construction）；（3）"明确性原则（Void‑for‑Vagueness）"又称作"不明确则无效原则"。④ 需知以同样的基本原理，各国结合本土资源演绎出了不同的派生原则，作为一种"准学术史梳理"，我国的罪刑法定派生原则主要是将上述大陆、英美法系国家中的派生原则作为静态的知识引入罪刑法定话语体系的结果，这样的理论来源导致了一个内生性的罪刑法定难题，那就是作为舶来品的派生原则，如何适应本土的法治资源。派生原则如何本土化的问题，正逐渐成为我国罪刑法定原则的短板，正如有学者指出的："当我们为罪刑法定原则在刑法典中的'安家落户'而弹冠相庆时，别忘了'木桶理论'所提到的那块最低的木板。"⑤ 因此，罪刑法定的本土化问题远比人们想象得复杂，它是一

---

① ［德］乌尔斯·金德霍伊泽尔：《刑法总论教科书》（第六版），蔡桂生译，北京大学出版社2015年版，第28页。

② 黎宏：《日本刑法精义》，法律出版社2008年版，第48页。

③ ［日］曾根威彦：《刑法学基础》，黎宏译，法律出版社2005年版，第12—13页。

④ 车剑锋：《美国刑法中的罪刑法定原则内涵辨正及其启示》，载《武陵学刊》2017年第1期。

⑤ 杨兴培：《检视罪刑法定原则在当前中国的命运境遇——兼论中国刑法理论危机的到来》，载《华东政法大学学报》，2010年第1期。

个系统性的工程，而绝非毕其功于一役的简单运动。① 本文认为，罪刑法定派生原则的本土化困境主要表现在：本体困境、实践困境、理论困境三个方面。

（一）本体困境："看不清"的罪刑法定原则实质侧面

所谓罪刑法定派生原则本土化的本体困境，是指派生原则本身出现的水土不服的症状。如上所述，我国罪刑法定原则的派生原则与其他国家不同，我国的罪刑法定派生原则是静态的理念，而德、日、美等国的罪刑法定派生原则除了理念，还是一种制度，甚至一种文化。罪刑法定制度和文化需要相应理念经过与本国的司法实践长期的磨合才能形成，而理念则更容易"横空出世"，但是也容易"水土不服"。我国罪刑法定派生原则本体困境主要集中于罪刑法定的实质侧面。

我国学者在论述罪刑法定实质侧面时，往往强调，实质的罪刑法定主义坚持法之内在价值高于实在的制定法，反对将法律的确定性绝对化，强调刑法规范的确定性应当以内容的正确性为基本前提，② 即罪刑法定原则的实质侧面更要求刑罚法规在内容上必须符合公平正义的理念。③ 言下之意，罪刑法定原则的实质侧面原本就是罪刑法定的应有之义。实际上，如果说作为罪刑法定原则实质侧面内容的明确性原则、实体正当程序原则等派生原则是对罪刑法定原则基本原理的进一步推论并无不可，但是罪刑法定形式与实质侧面的概念，并不是罪刑法定原则的应有之义，而是日本学者根据本国国情对罪刑法定原则做出的改造。二战以后，美国宪法中正当程序条款对后来的日本宪法产生了重大的影响，美国宪政中的实体正当程序，是罪刑法定实质侧面的起源。④ 日本的现行宪法和现行刑法都没有关于"罪刑法定原则"的明确规定，而根植于大陆法系基本理念的日本刑法理论，为了能为形式主义的罪刑法定原则找到法律依据，就不能不将日本现行《宪法》第 39 条中的"程序"，硬生生地解释为与字面含义互为径庭的实体，将程序性要求硬塞成了实体性要求。⑤ 因此，所谓罪刑法定原则的实质侧面，其实是日本刑法学界为了兼顾大陆法系刑法传统与英美法程序性的要求作出的妥协与折中。这种妥协与折中所导致的一个直接的后果就是造成了罪刑法定派生原则内部的矛盾。罪刑法定形式侧面是要求严格

① 劳东燕：《罪刑法定本土化的法治叙事》，北京大学出版社 2010 年版，第 171 页。
② 唐稷尧：《罪刑法定视野下犯罪成立要件的实质化》，载《现代法学》2004 年第 3 期。
③ 郑泽善：《刑法总论争议问题比较研究Ⅰ》，人民出版社 2008 年版，第 73 页。
④ 苏彩霞：《罪刑法定的实质侧面：起源、发展及其实现》，载《环球法律评论》2012 年第 1 期。
⑤ 陈忠林：《刑法的界限——刑法第 1—12 条的理解、适用与立法完善》，法律出版社 2015 年版，第 88—89 页。

遵守法律，而实质侧面则是要求对法律的正当性进行审查，这里隐含着两个冲突：一是成文法的局限性决定了刑法不可能对所有犯罪作出毫无遗漏的规定；二是成文法的特点决定了刑法条文可能包含了不值得科处刑罚的行为。① 解决上述两个冲突的途径有：违宪审查与对刑法条款作合乎罪刑法定实质侧面的解释。② 目前我国并不存在违宪审查的制度条件，因此，我国学者会自然而然地主张，在派生原则二元化的立场下，刑事司法者及理论工作者如果仍然意欲实现罪刑法定原则人权保障机能，就不能遵循形式的犯罪论和刑法解释论，不能单独坚持"司法克制主义"。③

表面看起来，实质解释的方法确实是解决问题的良药，但是从罪刑法定的角度来看，这副良药却颇为苦口。一方面，实质解释真正的根据是处罚的必要性和保护法益的要求，而并非是罪刑法定原则的实质侧面。④ 这里罪刑法定实质侧面只不过是实质解释论正当性的来源之一。罪刑法定实质侧面的派生原则与实质解释论，只能说是理念相通，是一种非常间接的联系。意图对刑罚法规作实质解释，却打出罪刑法定实质侧面的旗号，这样的做法难免有"挟天子以令诸侯"的嫌疑。另一方面，实质解释必要性的来源，实际上是对罪刑法定原则派生原则人为割裂的结果。实际上，形式侧面的派生原则中并非没有实质的要素，例如，在禁止类推解释的派生原则中，扩大解释和类推解释的区别是一个关键问题。二者的划界不是一个简单形式的界分，实际上无论是扩大解释还是类推解释都超出了法条的字面含义，对其界分更多的是量的衡量，而这种衡量本身就是一种实质的观点。同样实质侧面中也并非没有形式的要素，例如，我国学者认为明确性原则除了是立法原则，还是司法原则、解释原则。⑤ 实际上明确性原则也存在对罪刑法定形式侧面的考量。因此，德国的罪刑法定原则不区分形式与实质，但是也包含了明确性原则。既然形式侧面存在实质理性，实质层面也有形式关怀，那借鉴日本对罪刑法定原则进行人为的割裂，再通过实质解释的方法弥合二者的矛盾的进路，确实值得商榷。

---

① 张明楷：《罪刑法定的两个侧面对法治的启示》，载《法学论坛》2003 年第 2 期。
② 苏彩霞：《罪刑法定的实质侧面：起源、发展及其实现》，载《环球法律评论》2012 年第 1 期。
③ 刘艳红：《刑法的目的与犯罪论的实质化——"中国特色"罪刑法定原则的出罪机制》，载《环球法律评论》2008 年第 1 期。
④ 这里并不是简单地探讨实质解释的正当性问题，关于形式解释与实质解释之争，囿于篇幅所限，本文不做过多的讨论。但是，在罪刑法定的视角下，如何协调实质解释与罪刑法定派生原则关系的问题，始终是实质解释论的疑问之处，也是罪刑法定实质侧面的模糊之处。
⑤ 张明楷：《明确性原则在刑事司法中的贯彻》，载《吉林大学社会科学学报》2015 年第 4 期。

（二）实践困境："用不上"的罪刑法定派生原则

罪刑法定原则的派生原则不是罪刑法定原则本身，而是一些为了使罪刑法定原则更具有可操作性而创造出来的规则。以此为立场，与纯粹的理念相比，罪刑法定派生原则的工具属性是其根本属性。然而，在我国，无论是在司法实践中，还是在刑法理论中，罪刑法定原则的派生原则都没有发挥出"罪刑法定操作规则"的作用，反而有沦为"社会主义法治橱窗里展品"的趋势。这种可能的趋势有两个层面的表现。

一方面，罪刑法定派生原则中的某些原则本身与我国的本土法治资源无法对接，导致无法适用。以"禁止绝对不定（期）刑"为例。该派生原则要求，法定刑必须有特定的刑种与刑度。如果刑法分则条文宣布禁止某种行为，但没有对该行为规定刑罚后果，那么，根据"没有法定的刑罚就没有犯罪"的原则，该行为便不是犯罪。① 现代各国的刑法都规定了相对确定的法定刑，② 这一点已经成为了全世界的通识，我国刑法也采取了相对确定的法定刑的立法模式，那么关于禁止绝对不定期刑的要求，在我国自然不存在问题和争议。因此，该派生原则只能作为一种关于罪刑法定原则"学术史"的存在，而难以发挥作用。③ 再以"明确性原则"为例，"明确性原则（Void – for – Vagueness）"又称作"不明确则无效原则"，该原则源于美国宪法第五修正案和第十四修正案中的正当程序条款要求，当一个刑法条文非常模糊以至于具有正常智识的公民只能猜测其内容，并且对其适用方式完全无法了解，这个条款应当被宣告为无效。④ 在美国，明确性原则建立在违宪审查制度之上，是对立法正当性进行衡量的宪法原则。在我国，明确性已经作为通说成为了罪刑法定原则的派生原则，但是与美国的法律制度不同，我国的本土法治资源中没有相应的宪法制度，那么明确性原则如何在司法实践中发挥作用就成为了一个值得研究的问题。为此，有学者主张走出困境的唯一出路便是引入判例制度。⑤ 也许通过引入判例制度，方便法官根据先例的裁判要旨适用法律，能够在一定程度上

①　张明楷：《刑法原理》，商务印书馆 2011 年版，第 31—32 页。
②　张明楷：《刑法学教程》（第四版），北京大学出版社 2016 年版，第 14 页。
③　当然关于我国"相对确定的法定刑"的立法模式也并非不存在争议。有学者主张："我国刑法分则采用了相对确定的法定刑，但对部分犯罪没有规定相对确定的罚金数额，这一点并不完全符合罪刑法定原则的要求。"（参见张明楷：《刑法学（上）》（第五版），法律出版社 2016 年版，第 52 页，注释 27）但总的来说，我国学者对"禁止绝对不定（期）刑"原则的研究多限于介绍，在目前的立法背景下，的确难以探讨其应用的问题。
④　车剑锋：《美国刑法中的罪刑法定原则内涵辨正及其启示》，载《武陵学刊》2017 年第 1 期。
⑤　劳东燕：《罪刑法定的明确性困境及其出路》，载《法学研究》2004 年第 6 期。

解决不明确法律带来的可能的法律适用不统一的问题。但是解决一个模糊的问题，不能靠引入更多的模糊性来完成，否则就不是解决矛盾，只是转移大家的注意力而已。如果通过引入判例制度来解决明确性原则的困境，只怕会带来更多的理念性、制度性、操作性的困境。① 此外，也有学者认为，从主张明确性原则的国家的实践来看，以刑罚法规不明确为由而判定其无效的情况并不多，多数情况下，法院是通过解释使被认为不明确的规定变得明确起来，从而避免了和明确性原则之间的冲突。② 该观点存在混淆因果的嫌疑。首先，从法官解释法律的目的来看，法律解释是司法工作的必要部分，其需要实现的是司法目的，而不是罪刑法定的明确性要求。其次，从效果看，法官解释法律可以在某个案件中解决处罚必要性与明确性原则的冲突问题，但假如存在不明确的法律的话，即使个案中问题缓解了，不明确的法律还在。因此，法官解释法律与明确性原则的要求之间只是表面上的相关，而非因果。那么，明确性原则与我国本土法治资源的无法对接，也导致了其工具性的极大削弱。

另一方面，罪刑法定原则的实践困境表现在司法实践和刑法理论对罪刑法定派生原则的要求存在回避，甚至无视的态度。当然，刑法理论和刑事司法实践在很多问题上存在基本立场的不同，刑法理论重视的是理论的体系性和正当性，因而要求自圆其说，刑事司法实践涉及案件复杂的法律结构和社会结构，更关注的是司法目标的达成。在理论或实践中，偶然出现与罪刑法定派生原则的要求存在冲突的情况，恐怕在所难免。但是，如果在某个问题上，无论是刑法理论，还是司法实践都倾向于回避，甚至突破罪刑法定派生原则的要求，则说明派生原则与我国本土法治资源之间的矛盾已经较为明显。以刑法理论中的不纯正不作为犯理论为例。不纯正不作为，是指刑法分则原本以作为形式设定的犯罪，然而却以不作为的方式实施的情形。③ 从实定法的角度看，为了避免来自罪刑法定主义的批评，一些国家和地区尤其是大陆法系国家和地区（如德国、奥地利、韩国、我国台湾地区）在刑法总则中规定了处罚不纯正不作为犯的条款，但由于立法技术和法律语言自身特点等方面的原因，立法者仍无法将不纯正不作为犯的全部构成要件明确记述下来，因而仍面临来自罪刑法定主义之明确性原则的疑问。④ 在不纯正不作为犯与罪刑法定原则冲突的问题

---

① 尽管我国目前已经创立了案例指导制度，但该制度不仅与西方的判例制度不同，也并非是为了解决罪刑法定明确性的困境而引进的。我国的案例指导制度在摸索过程中遇到的障碍和困难，也说明了为解决明确性的困境而创设法律制度的观点可能会带来的高昂的制度成本。

② 黎宏：《刑法学总论》（第二版），法律出版社 2016 年版，第 20 页。

③ 郑泽善：《不纯正不作为犯新论》，载《求索》2016 年第 2 期。

④ 许成磊：《不纯正不作为犯理论》，人民出版社 2009 年版，第 99 页。

上，我国学界存在三种观点。第一种观点直接否认冲突的存在。这种观点承认不纯正不作为犯理论争论的焦点是处罚不纯正不作为犯是否与罪刑法定原则中的禁止类推解释原则、明确性原则相违背。但是经过分析认为处罚不纯正不作为犯并不违反罪刑法定原则的要求。① 第二种观点试图转移不纯正不作为犯与罪刑法定之间的矛盾，有的学者认为不真正不作为犯论的核心，说到底，是保护法益原则和罪刑法定原则之间如何协调的问题。② 另有学者认为，在不纯正不作为犯符合罪刑法定与否的问题上，必须在罪刑法定所要求的明确性与现代刑法体系的开放性之间寻求一种必要的平衡，片面地追求任何一种价值最终带来的可能都是灾难性的后果。③ 第三种观点试图在不纯正不作为犯理论内部探寻自圆其说的方法，例如，有学者认为（明确）作为义务只能是刑事法律义务之外的其他法律义务，是解开不纯正不作为犯与罪刑法定原则冲突的突破口。④ 有的学者认为，限定作为义务的范围与明确等价性的判断标准，都是为了将不纯正不作为犯的处罚规制在罪刑法定原则允许的范围之内。⑤ 第一种观点否认不纯正不作为犯与罪刑法定原则存在冲突，然而现实是与德国刑法不同，我国刑法条文中没有有关不纯正不作为犯的规定，要以刑法条文没有规定的理论定罪处刑，无论从哪个角度来看，都难逃罪刑法定主义的诘问，否认这一矛盾难免有"掩耳盗铃"的嫌疑。第二种观点另辟蹊径，在解决罪刑法定原则与不纯正不作为犯理论的问题上采取了全新的视角，看似为解决问题提供了全新的思路，实则是巧妙地回避了矛盾。罪刑法定原则是刑法的第一性原则，而不纯正不作为犯理论是一种学术理论，一旦理论与基本原则发生冲突，其很难在基本原则之外寻求正当性来源。第二种观点实际上是把不纯正不作为犯理论放在法益保护原则的大背景下来看，把其与罪刑法定的冲突描述为不同刑法基本原则之间的衡量与冲突，这样就避免了在理论与原则的冲突中"吃亏"。这种观点看似具有强大的理论张力，但实际上并没有解决矛盾。一是将不纯正不作为犯违反罪刑法定的嫌疑描述成罪刑法定与法益保护原则的冲突，并没有解决不纯正不作为犯理论正当性来源的问题。司法实践不能仅以保护法益的需要为借口，就不顾罪刑法定的要求。二是法益保护原则虽然是刑法的基本原则，但并不意味着，在与罪刑法定原则发生冲突时，选择法益保护原则就

---

① 李晓欧：《不纯正不作为犯研究》，对外经贸大学出版社 2014 年版，第 71—74 页。
② 黎宏：《结果本位刑法观的展开》，法律出版社 2015 年版，第 118 页。
③ 郝艳兵：《不纯正不作为犯的作为义务适用论》，法律出版社 2015 年版，第 28 页。
④ 陈荣飞：《罪刑法定原则视域中的不纯正不作为犯——不纯正不作为犯的规范结构之维》，载《社会科学家》2010 年第 5 期。
⑤ 刘士心：《不纯正不作为犯研究》，人民出版社 2008 年版，第 58 页。

必然具有合理性。因此，第二种观点尽管在看问题的角度上，具有较强的吸引力，但是不能解决不纯正不作为犯与罪刑法定原则之间的冲突的问题。第三种观点，对不纯正不作为犯的罪刑法定困境有警醒的认识，但是试图从该理论内部寻找突破口，以图使其符合罪刑法定要求的做法在方法论上来讲是难以实现的。在罪刑法定主义的要求之下，如果不纯正不作为犯不能符合罪刑法定的要求，那么首先要解决的问题是该理论是否具有存在必要性的问题。这个问题不能解决，无论怎样调整其内部的某个观点，都最多只能达到自圆其说的效果，并不能从根本上解决这一矛盾。如果考虑到不纯正不作为犯以司法实践扩大处罚范围需要的出发点，那么仅仅自圆其说是远远不够的。更为重要的是上述三种观点都存在着一个内生性的问题，导致其必然不能彻底解决理论与原则冲突的问题。如果某个理论超出罪刑法定的要求，那么必然意味着存在着某类型行为具有高度的处罚必要性，这个理论是处罚这类行为的正当性依据，如果想要处罚此类行为，应当从原则本身入手寻找方法，而不能环顾左右而言他。否则，如不纯正不作为犯理论的现状一般，可能会出现"看着矛盾丛生，用着自然而然"的困境。在我国的刑事司法实践中，学术理论对不纯正不作为犯与罪刑法定关系的暧昧不清，也导致了司法实践对该理论适用的混沌不明。

我国司法实践中出现了"无视"罪刑法定原则的要求，直接适用不纯正不作为犯理论的判例。例如，徐某某故意杀人案，2012 年 11 月 18 日凌晨 2 时许，被告人徐某某为达到与被害人姜某拉发生性关系的目的，不顾姜某拉反复提出回仙村工厂的要求，强行搭载姜某拉驾驶摩托车高速前往徐某某家中，当摩托车行驶至广东省增城市增江街增正公路某村路口时，姜某拉被迫跳下摩托车，并摔下斜坡致昏迷，徐某某逃离现场。当天凌晨 3 时许，徐某某再次去到上述地点，盗去姜某拉的三星无线移动电话 1 部。之后，徐某某用汽油焚烧姜某拉的尸体，并将残骸就地掩埋。法院认为："本案是不作为的间接故意杀人案件，徐某某是否履行对姜某拉的救助义务才是本案定性的关键。因为无论姜某拉当时的伤情程度如何，徐某某作为驾驶人员，又是在不顾姜某拉的反对，强行搭载姜某拉回自己家，直接导致姜某拉跳车的情形下，徐某某有义务对姜某拉进行基本的救助或者求助行为。然而，在本案中徐某某根本没有实施救助或者求助的举动，而是驾车离开，违反其救助被害人的作为义务。徐某某主观上对姜某拉的死亡持放任的故意，客观上没有履行因其先行行为而产生的救助义务，最终致姜某拉死亡，徐某某构成不作为的故意杀人罪。"① 这个案例法院判决的结果并不存在什么疑问，关键是运用"不纯正不作为犯理论"的说

---

① 参见《徐志勇犯故意杀人罪二审裁定书》，〔2014〕粤高法刑一终字第 104 号。

理模式存在商榷的余地。虽然法院没有使用"不纯正不作为犯"的提法，但是故意杀人罪是典型的作为犯罪，法院认为徐某某的行为构成"不作为的间接故意杀人案"显然是间接采用了不纯正不作为犯理论。问题是，我国刑法典中，并没有关于不纯正不作为犯的规定，因而，法院只能回避不纯正不作为犯的提法，直接认定徐某某的行为构成不作为故意杀人。[①] 而这背后体现出的则是在强烈的处罚必要性背景下，司法机关对罪刑法定原则的回避态度。

除了不纯正不作为犯理论外，不少犯罪论体系中的理论也存在类似问题。例如，期待可能性理论同样存在着与罪刑法定派生原则相冲突的问题。期待可能性的理论就其实质而言，不过就是法外用情。为何？因为情有可原。[②] 然而，如果因为情有可原就放弃罪刑法定，那么罪刑法定派生原则在我国理论与实践中的尴尬处境就可想而知了。因此，我们可以得出结论罪刑法定原则的派生原则无论是在刑事司法实践中，还是在刑法理论中都没能很好地发挥其应有的作用。

（三）理论困境："改不了"的罪刑法定派生原则

既然罪刑法定派生原则在我国司法实践和刑法理论中均存在困境，那么我们的第一反应应该是如何根据本土法治资源对派生原则做出调整。然而正是这种调整的需要，引出了我国罪刑法定派生原则的第三个困境，即其难以根据现实需要进行改造。在我国存在一种普遍的认识，罪刑法定是一种具有至高地位的，不可妥协与折中的、单一的终极价值。[③] 这种认识也自然而然地适用到了

---

① 徐某某案中间接采用不纯正不作为犯的做法并非唯一，采取类似"不作为故意杀人"表述的案件还有很多。例如，张中立、廖付荣等故意杀人案，2013 年 7 月 22 日 22 时左右，暂住杭州市萧山区河庄街道新江村3组22号的被告人张中立出门接湖南涟源籍女友刘某回租房。当张中立行至新江村新农桥西侧村道时，因琐事与湖南凤凰籍人蒋某乙发生争执、扭打。被劝开后，张中立回租房取来一把西瓜刀，并以女友被人调戏，要求帮忙打架为由，先后纠集同乡廖付荣、覃遵笔，由覃遵笔驾驶自己的面包车在新农桥附近寻找蒋某乙欲行报复。当车行至新农桥西侧村道一无名小桥附近时，张中立发现在村道上同向行走的蒋某乙，即持西瓜刀下车朝蒋某乙追砍，廖付荣亦持铁片下车对蒋某乙追打，覃遵笔则驾车跟随。为逃避张中立等人的追打，蒋某乙跳入村道南侧的围垦后横河中，在泅水至河中央后体力不支，张中立、廖付荣、覃遵笔见状未行施救反而驾车逃离，终致被害人蒋某乙溺水身亡。法院认为，"三被告人伙同殴打他人，迫使他人落水后未行施救，径行离开现场，致人死亡，主观上显系放任他人死亡的心态，故其行为均已构成不作为的故意杀人罪"，参见：《张中立、廖付荣等故意杀人罪二审刑事判决书》，〔2014〕浙刑一终字第 148 号。有的判例中甚至存在认定"不作为故意伤害罪"的论述，参见：《金春刚故意伤害罪二审裁定书》，〔2013〕藏刑一终字第 1 号。
② 杨兴培：《反思与批评——中国刑法的理论与实践》，北京大学出版社 2013 年版，第 165 页。
③ 车剑锋：《刑事案件社会结构与罪刑法定原则关系初探》，载《北京理工大学学报（社会科学版）》2014 年第 6 期。

罪刑法定派生原则的身上。既然不可妥协，自然也不允许存在问题，因此，即便发现罪刑法定派生原则的问题，要对派生原则本体进行调整，也需要足够的学术勇气。

以"禁止溯及既往"的派生原则为例。我国《刑法》第12条规定了刑法条文溯及力问题应当采取"从旧兼从轻"的基本原则。在我国，刑法法律渊源的情况相对复杂，在司法实践中出现了不符合"从旧兼从轻"原则要求的现象，表现在三个方面。首先，刑事司法解释时间效力存在与"从旧兼从轻"相冲突的问题。2001年12月7日颁布的最高人民法院、最高人民检察院《关于适用刑事司法解释时间效力问题的规定》（以下简称《规定》）对于刑事司法解释的溯及力作出了明确的规定，但是其中第2条与第3条存在一定的矛盾。《规定》第2条的内容为："对于司法解释实施前发生的行为，行为时没有相关司法解释，司法解释施行后尚未处理或者正在处理的案件，依照司法解释的规定办理。"第3条的内容为："对于新的司法解释实施前发生的行为，行为时已有相关司法解释，依照行为时的司法解释办理，但适用新的司法解释对犯罪嫌疑人、被告人有利的，适用新的司法解释。"从文字上看，第2条认可了刑事司法解释的溯及既往的效力，而第3条则要求适用"从旧兼从轻"的原理，这样《规定》同时肯定和否定了刑事司法解释的溯及力。[①] 其次，非正式法律渊源的溯及力问题尚未受到重视。以案例指导制度中刑事指导性案例的溯及力问题为例，在我国案例指导制度构建的过程当中，缺乏对于指导性案例溯及力问题的考虑。既然，案例指导制度具有一定的拘束力是事实，那么当指导性案例创造了新的法律规范或者变更先前的法律规范时，是否对该案例颁布之前的行为有效的问题，就具有进行探讨的必要。[②] 否则，将来指导性案例越来越多，出现就同样问题新旧指导性案例发生冲突时，再考虑其溯及既往与否的问题，可能就会造成司法实践中的困惑。最后，刑法修正案溯及力问题同样纠缠不清。刑法修正案也是刑法条文，根据《刑法》第12条的规定，其溯及力本不应当存在问题。然而，自《刑法修正案（八）》始，就新刑法修正案的溯及力问题，我国采取了"刑法条文（修正案）+时间效力的解释（司法解释）"的模式，相关司法解释中关于溯及力的规定与《刑法》第12条多有冲突之处。"从旧兼从轻"原则在司法实践中是否遇到了问题？如果出现问

---

① 郑泽善、车剑锋：《刑事司法解释溯及力问题研究——对美国司法实践中禁止溯及既往原则的借鉴》，载《政治与法律》2014年第2期。

② 车剑锋：《刑事指导性案例溯及力研究——以美国刑事判例溯及既往问题的奥德赛之旅为借鉴》，载《安徽大学学报（哲学社会科学版）》2015年第5期。

题，是否有必要对"从旧兼从轻"原则进行反思和修正？如果需要对"从旧兼从轻"原则进行调整，应该如何看待司法实践的需要与罪刑法定原则，或者说与《刑法》第 12 条之间的关系？

由此观之，我国刑法规范溯及既往与否的问题确实存在着乱象。我国学者并非没有注意到上述问题，但是其对于"禁止溯及既往"派生原则的态度却颇有值得商榷之处。有的学者无视乱象的存在，坚持必须严格适用"从旧兼从轻"原则。[①] 有的学者视"从旧兼从轻"原则为准绳，对实践中违反该原则的现象进行批判。[②] 有的学者对"从旧兼从轻"原则进行各种解释，为实践中的乱象寻找各种正当性理由，证明其没有违反罪刑法定原则。[③] 此几类观点，展示出了"从旧兼从轻"原则"改不了"的无奈。既然实践中已经产生了与"从旧兼从轻"原则相冲突的现象，那么无论是批判实践、无视矛盾，还是"巧舌如簧"地去自圆其说都不能从根本上解决问题。如果实践中自发地出现了各种各样与"从旧兼从轻"原则相冲突的现象，那么，恐怕是原则本身出了问题。根据现实需求，对"从旧兼从轻"进行调整和建构，以预测和指导未来司法实践的需求，才是更为有效的进路。然而，我国刑法理论界对这样的方法采取了集体回避的态度。这也导致了，即使罪刑法定原则的派生原则与司法实践存在冲突，我们也无法对其进行调整。也正因为如此，事实上，我国有关罪刑法定派生原则的一切问题都缺乏基本的实践立场。无论是扩大解释和类推解释的区别，"明确性"的内涵，"从旧兼从轻"的适用范围，脱离了对刑事司法实践的考量，都是理论的"空中楼阁"，各种观点在自圆其说的基础上，根本不可能分出高下，即便分出高下，也只是在更深程度上对刑法理论自圆其说的学术努力而已。

① 参见蒋涛：《罪刑法定下我国刑事司法解释的完善》，中国政法大学出版社 2015 年版。
② 参见杨新京：《〈刑法修正案（八）〉溯及力研究》，载《国家检察官学院学报》2011 年第 6 期；刘宪权、王丽珂：《我国〈刑法修正案（八）〉时间效力司法解释规定评析》，载《法学杂志》2011 年第 8 期；陈佑武、彭辅顺：《刑法解释的时间效力与人权保障》，载《中国刑事法杂志》2011 年第 6 期；等等。
③ 参见陈荣飞、肖敏：《刑法修正案（八）的溯及力研究——兼评〈最高院关于刑法修正案（八）时间效力问题的解释〉》，载《法治研究》2012 年第 5 期；曲新久：《论从旧兼从轻原则》，载《人民检察》2012 年第 1 期；等等。

三、罪刑法定派生原则本土化困境产生的原因分析：对罪刑法定原则与罪刑法定派生原则的混淆

"看不清、用不上、改不了"罪刑法定派生原则本土化的困境可见一斑。描述罪刑法定派生原则的困境不是目的，"本土化困境"的产生必然有"本土化原因"推动，找到这些原因，才能克服罪刑法定派生原则的困境，使其顺利与本土法治资源对接。

在诸多原因中，有一个具有根本性的原因，即我国刑法理论始终把罪刑法定原则与罪刑法定原则的派生原则混为一谈。实际上，具有法定地位的是罪刑法定原则，其派生原则是各个国家针对各自法治发展的情况，为提升罪刑法定原则的可操作性而对罪刑法定原则本体进行的理论阐释。[①] 正因如此，各国的罪刑法定原则同宗同源，但是派生原则却不尽相同。罪刑法定原则本身是刑法的第一原则，罪法定、刑法定的要求既然明文规定在法典当中，当然必须谨慎的对待，但是其派生原则本就是为了适应实践需要而对罪刑法定严格性的一种修正。如果把对罪刑法定原则本身的态度，放在派生原则上，那么本来是可操作化工具的罪刑法定派生原则就会越俎代庖，渐渐绝对化、理念化、仪式化，从工具走向理念，从灵活走向机械，进而使罪刑法定原则陷入原本不存在的本土化困境。

（一）绝对化：忽视理论灵活性

将罪刑法定原则与罪刑法定派生原则混同带来的第一个问题是使得罪刑法定原则的派生原则逐渐绝对化，从而背离了其增加罪刑法定原则可操作性和灵活性的初衷。从历史来看，各国选择罪刑法定主义作为现代刑法的基本原则或基本理念，并非因为其无懈可击，而是与罪刑擅断相比，其代价更小。[②] 罪刑法定原则的主要问题就是无法适应社会的高速发展，高度复杂的刑事案件社会结构，使得片面强调刑事案件法律结构的罪刑法定原则显得多少有点"迂腐"。对此，各国兼顾自由和安全价值，在坚持罪刑法定原则的基础上，对其

[①] 在我国，除了《刑法》第 3 条规定了罪刑法定原则之外，第 12 条规定了"从旧兼从轻"的原则，因此严格地说，罪刑法定原则的派生原则，除了禁止溯及既往之外，都不具有法定地位，是一种对罪刑法定原则的理论建构。此处及以后为了方便论述，不再单独强调这一区别。

[②] 李洁：《论罪刑法定的实现》，清华大学出版社 2006 年版，第 83 页。

内容作了适当变通。也即罪刑法定原则由绝对走向相对。① 罪刑法定尽管经历了由绝对向相对的转化，但当今世界各国并未放弃这个原则，罪刑法定依然体现出强大的生命力。② 罪刑法定原则由绝对转向相对，表面上看是罪刑法定原则发生了转变，实则"法无明文规定不为罪，法无明文规定不处罚"的要求并没有发生任何变化，变化的是作为罪刑法定操作规则的派生原则，从禁止溯及既往到禁止不利于被告人的溯及既往，从禁止类推解释到禁止不利于被告人的类推解释，等等。罪刑法定由绝对到相对的变化，实际上是针对社会现实需要，刑法理论对罪刑法定派生原则的一种工具化改造。20 世纪初的这次变革，已经为我国多数学者所承认。我国学者对这次变革的意义也给予了高度的评价，如有学者指出，相对的罪刑法定原则留下了解释空间，而罪刑法定原则的能动性和对社会现实的回应性以及所能赢得的公众认同皆与其间。绝对的罪刑法定原则因其"绝对"而必将陷入极端与片面，而极端与片面常常意味着顾此失彼，甚至彼此皆失。③ 由于将罪刑法定派生原则和罪刑法定原则的基本要求相混淆，我国刑法学把坚持罪刑法定原则基本要求的形式标准贯彻到派生原则上，导致不能根据司法实践的需求和社会的发展状况对罪刑法定派生原则作出调整。试问从相对到绝对，是各国刑法学历史上对罪刑法定原则派生原则的改造，对这种改造的成果我们甘之如饴，全盘接受，那么现今，当相对罪刑法定派生原则与我国社会现实发生矛盾时，为何根据本国情况进行相应调整就是离经叛道？这种绝对化的理念，使得我国罪刑法定原则变成了书本上的教条，既难"新瓶装旧酒"，亦无法"老树发新芽"，无怪乎会陷入看不清、用不上、改不了的境地。

（二）理念化：缺乏制度基础

将罪刑法定原则与罪刑法定派生原则混同带来的第二个问题是将罪刑法定原则派生原则理念化，从而制约了相应罪刑法定制度的产生。罪刑法定原则走入中国，不应当仅仅是法律文本的走入，也应当努力让它真正走入生活。④ 罪刑法定原则在我国本来就缺乏必要的制度支撑，如果把罪刑法定派生原则理念化，会使罪刑法定给人一种"空泛"的印象。我国学者存在一种将罪刑法定过于理念化的倾向，如有学者指出："能否真正超越技术层面和制度层面实现

① 孟红：《罪刑法定原则在近代中国》，法律出版社 2011 年版，第 23 页。
② 王瑞君：《罪刑法定的实现：法律方法论角度的研究》，北京大学出版社 2010 年版，第 35 页。
③ 马荣春：《刑法的公众认同》，中国政法大学出版社 2015 年版，第 72 页。
④ 于志刚：《罪刑法定原则认识发展中的博弈》，载《法学》2010 年第 1 期。

罪刑法定原则向罪刑法定理念的升华，仍需要我们在多方面作出努力。"① 理念与制度的主要区别在于，理念正确但遥不可及，只能是我们心中永远难以达到的目的地，而制度是我们一步一步接近理念的阶梯。罪刑法定原则作为一种刑事法治理念规定在《刑法》第 3 条，是为我们明确了一个方向，并非是要求我们一步实现罪刑法定的最高标准，否则，无法解释为什么刑法典当中有如此众多的空白罪状的问题，刑事司法解释中还有众多模糊不清需要进一步解释的问题；也无法解释为什么很多刑法理论与罪刑法定存在冲突，明显超然于实定法之外，却仍然占有一席之地。罪刑法定派生原则是罪刑法定的"操作守则"，其不应当是高高在上的理念，而应当是一项项具体的制度。如果罪刑法定原则本就是一种理念，其派生原则也被理念化，则罪刑法定原则可能由"空对地"转为"空对空"。罪刑法定派生原则的目标应当是"以具体的原则解决具体的实践问题"，换言之，与罪刑法定原则本体相比，罪刑法定派生原则应当关注的是标准为何？什么情况下是对派生原则的违反？违反的后果是什么？什么情况下需要对派生原则进行调整等具体问题。我国罪刑法定派生原则过于理念化的问题正是导致其实践困境的重要原因。

（三）仪式化：欠缺工具理性

将罪刑法定原则与罪刑法定派生原则混同带来的第三个问题是将罪刑法定派生原则仪式化，无论是刑法理论，还是司法实践对罪刑法定派生原则的应用，带有强烈的"宣示性"色彩。然而，当真正的罪刑法定问题出现时，往往又无法识别，转而将罪刑法定争论转为具体问题探讨。在我国，罪刑法定派生原则常见出场方式包括"证成"和"批判"，所谓"证成"，是指在论证某个观点时，声称自己的观点符合罪刑法定派生原则的要求，从而自然使观点获得无可置疑的正当性。所谓"批判"，是指在批判他人观点时，往往请出罪刑法定派生原则作为根据，似乎指责对方的观点违反罪刑法定主义，就在根本上消除了对方观点存在的基础。然而，罪刑法定原则虽然是刑法的基本原则，却不是刑法的"唯一正解"，符合罪刑法定原则的，未必是合适的，表面上看与罪刑法定派生原则存在冲突的现象，也未必不存在合理性。否则，刑法中存在大量的"空白罪状"的现象，明显与"明确性原则"的要求不符，我们是不是应该立刻填补这一"明确性漏洞"呢？答案显然是否定的。因此有学者指出，在我们的刑法学界，"违反罪刑法定原则"这样的责难似乎用的太过频繁

---

① 闻志强：《重申罪刑法定的基本理念》，载《法商研究》2015 年第 1 期。

了一些。实际上，中国刑法学界没有那么不开明。[1] 相反，当真正的罪刑法定派生原则争议在司法实践中出现时，我们又往往忽视罪刑法定的要义。例如，在"赵春华非法持有枪支案"[2] 中，争议的关键问题是枪支的认定标准。公安部明文规定的枪支认定标准与社会舆论普遍接受的标准之间存在着观念上的鸿沟。这种认识上的差异性导致了司法实践中罪刑法定原则的悖论，如果要求法院不采用公安部的相关文件，认定赵春华持有的工具并非枪支，主审法官明知有相关规则而不用，可能面临被追责的风险。如果法官坚持照章办事，遵守罪刑法定原则的要求，社会舆论又会对判决结果表示质疑。当然，在我国目前的宪法监督体制之下，要求法院宣布公安部的规定无效，更是难上加难。这样主审法官难免陷入"进亦忧，退亦忧"的两难境地。从更高的层面上看，赵春华案当中真正的争议点是一个罪刑法定与社会处罚感情的冲突问题。遵守罪刑法定派生原则中"法律主义"的要求，但是会触犯大众的处罚感情。破坏罪刑法定，会在个案中控制社会舆论的导向，但是破坏作为法治基本原则的罪刑法定原则，从长远来看，又会带来不利的后果。这就是赵春华案展示出的罪刑法定悖论。在赵春华案中，我们把关注的焦点集中于枪支的认定标准，而忽略了其背后罪刑法定原则的悖论。也许通过二审法院的审判智慧，案件得到了社会大众认可的解决，但是在未来，只要存在刑事法律规范与社会舆论发生冲突的情况，罪刑法定悖论就会不断发生，从长远来看，仅仅"一事一论"，而不从理论的角度寻找解决策略，可能会危害到刑事司法的公信力。

四、破解思路：罪刑法定派生原则的二次本土化

如果说，造成罪刑法定派生原则本土化困境的主要原因是将罪刑法定原则本身与罪刑法定派生原则相混淆，致使我国刑法学界对本为操作守则的派生原则绝对化、理念化、仪式化的认识，最终导致了派生原则看不清、用不上、改不了的困境，那么，要解决这一问题的思路看似也很清晰。实际上，即使看到了将罪刑法定与其派生原则相混淆的弊端，也认识到了整个罪刑法定原则话语的危机，要做出改变依然非常困难。一方面，与当初引入我国刑法典时不同，20 年来罪刑法定原则在我国已经形成了一定的学术传统，如果主张对罪刑法定原则进行考量，就可能对已经形成的学术传统造成冲击，从而陷入曲高和寡的境地。另一方面，即使要对罪刑法定的学术高地发起冲击，也需要一系列切

---

① 张明楷：《刑法的私塾》，法律出版社 2014 年版，第 11 页。
② 参见《赵春华非法持有、私藏枪支、弹药二审刑事判决书》，〔2017〕津 01 刑终 41 号。

合实际的策略、理论、方法，不是简单地说说大道理就可以完成这种变革的。要实现对罪刑法定原则本土话语的更新，既不能推倒重来、舍弃传统，又不能隔靴搔痒、点到为止。因此，严格地说，本文囿于篇幅所限，不能完成为彻底解决罪刑法定派生原则的本土化困境提供可操作方案的重大任务。本文的目的是在上述困境产生原因分析的基础上，为问题的解决提供一个创造性、开放性的思路，即实现罪刑法定派生原则的二次本土化。如果说，罪刑法定派生原则的第一次本土化是从无到有，以比较的研究方法引入域外罪刑法定的研究成果，那么，第二次本土化的核心要义就是结合本土法治资源，对已经作为一种话语传统存在的派生原则做出改造。这里面主要的思路是对罪刑法定派生原则进行工具化的改造。

（一）分层："最高限度的罪刑法定"与"最低限度的罪刑法定"

如果有人公开主张应当违反罪刑法定原则，那么肯定会成为众矢之的。但是，这并不意味着不可以对罪刑法定原则的派生原则进行调整。既然罪刑法定派生原则可以从绝对向相对转化，就意味着对派生原则的改造并非是对罪刑法定主义的彻底破坏。这就要求我们区别对待罪刑法定原则的基本理念及其派生原则。但是，罪刑法定的派生原则毕竟是理念的操作规则，对其进行改造仍然涉及如何保证改造正当性的难题。本文主张，可以对罪刑法定原则进行分层，以解决改造派生原则正当性的难题。要保证法律的确定性，维护形式法治的基本内涵，我们需要一种观念上的罪刑法定，其高不可攀作为一种刑事司法的理想存在，而要保证法律适用的灵活性，我们需要一种存在边界的罪刑法定，可以为司法机关提供发挥司法能动作用的契机。前者，可以称之为"最高限度的罪刑法定"，后者则可以称之为"最低限度的罪刑法定"。[①] 所谓"最高限度的罪刑法定"，是司法重叠共识的表象，即以"法无明文规定不为罪，法无明文规定不处罚"的罪刑法定本体为根本的对于罪刑法定原则的严格理解。最低限度的罪刑法定，是考虑到社会生活的复杂性，而赋予罪刑法定原则以足够的灵活性，来实现其保障公民预测可能性，防止武断的司法与立法的作用，简言之，即作为罪刑法定操作规范的派生原则。[②] 对最高限度的罪刑法定，要以刑法基本原则的角度看待，无论是刑事立法工作、刑法解释工作还是刑事司

---

① 车剑锋：《最高限度与最低限度罪刑法定的划分及其意义——对传统罪刑法定原则分层策略的反思与重构》，载《政治与法律》2017 年第 9 期。

② 车剑锋：《罪刑法定原则司法化问题研究》，天津社会科学院出版社 2016 年版，第 202—209 页。

法工作，都必须遵守和符合刑法基本原则的要求，绝不能违背这些基本原则。① 否则，罪刑法定原则一旦丧失了应有的客观品性，就会成为强势集团和掌握话语权者手中的弹性道具，到彼时又何能使人产生法律神圣的感觉来。② 对最低限度的罪刑法定，不是要明确的将未来可能发生的一切有违该原则精神的做法都做出提前的考虑，而是要在处理问题的过程中总结经验，来向最高限度的罪刑法定原则迈进。如果说最高限度的罪刑法定原则是为了实现精英话语与大众话语的统一，从而形成一种契机，促进司法公信力的提高的话，那么最低限度的罪刑法定原则则是为了确保司法实践的灵活性，使法律最大限度地靠近复杂的社会生活。用更为简单的话来说，就是司法机关灵活适用法律必须以一种既能够满足司法目标，又能让社会大众在内心能够接受的方式实现。如此的分层策略存在三个可取之处。一是充分结合本土法治资源，尊重 20 年来的罪刑法定主义传统。在我国，罪刑法定派生原则的内容已经具有通说的地位，将其推倒重来可能会付出巨大的理论成本。相反，利用其已有的公信力，将其归入"最低限度的罪刑法定"属于"新瓶装旧酒"，亦属于"老树发新芽"，既认可了已有研究成果的地位，又为达成可操作性的目标留下了足够的余地。二是建立超越价值绝对主义与价值相对主义的框架，创新了罪刑法定原则研究的认识论与方法论。由于一直以来将罪刑法定原则本体与罪刑法定派生原则相混淆，我国关于罪刑法定主义的认识始终处在两个极端，要么采取价值绝对主义，认为罪刑法定为永恒真理丝毫不可动摇；要么采取价值相对主义，认为罪刑法定没有发挥其应有的作用，从而无视或者回避罪刑法定的要求。将罪刑法定原则进行分层，既保证了罪刑法定刑法第一基本原则的地位，又兼顾了其回应社会、回应司法需求的能力，实际上是在机械的"司法确定性"和"罪刑法定怀疑论"之外，探索司法罪刑法定原则运用的"可循迹性"，这是一种超越价值绝对主义与价值相对主义的努力。三是能够将罪刑法定的外部冲突内部化，从而避免刑法理论与司法机关"不得不"回避罪刑法定原则现象的出现。罪刑法定原则存在着外部冲突与内部冲突。③ 罪刑法定的外部冲突是罪刑法定与其他社会价值之间的冲突，例如，赵春华案中罪刑法定原则与社会舆论导向之间的矛盾。罪刑法定原则的内部冲突是派生原则之间的冲突，例如，传统的罪刑法定形式侧面与实质侧面之间存在的冲突。外部冲突对于罪刑法定原则来

---

① 张军主编：《刑法基本原则适用》，中国人民公安大学出版社 2012 年版，第 1 页。

② 杨兴培：《检视罪刑法定原则在当前中国的命运境遇——兼论中国刑法理论的危机到来》，载《华东政法大学学报》2010 年第 1 期。

③ 车剑锋：《罪刑法定原则的边界——以英美法中"Marital Rape Exemption"的废除为例》，载《广东广播电视大学学报》2014 年第 6 期。

说是更加危险的冲突，因为当案件的社会结构极为复杂的时候，非常容易产生破坏罪刑法定的司法行为。最高限度的罪刑法定与最低限度的罪刑法定的分层方法实际上是将外部冲突"内部化"，通过回应现实需要改造罪刑法定派生原则，在罪刑法定内部解决其基本原理与其他社会价值之间的冲突。

（二）突破：根据本土法治资源对罪刑法定派生原则进行工具化改造

如果说 1997 年刑法修改时，引入罪刑法定主义是我国刑事法治历史上的重大创新，那么到现在，理念已经入法、入脑，如果不解决其派生原则的应用问题，也不能保证作为刑法帝王原则的罪刑法定能够一直在中国的法治土壤中茁壮成长。毕竟引入理念的关键不是存在，而是应用，缺乏特定目的性的理念，即使在国外具有通识性的地位，也没必要盲目地引入。要对派生原则进行改造，但是同时必须对这种改造加以严格的限制，否则就不是"改造"而是"创造"。以上述"最高限度的罪刑法定"和"最低限度的罪刑法定"的分层为基础，在对派生原则进行改造时，必须至少遵守三个必要的限制。首先，改造的对象应当限制在最低限度的罪刑法定的范围之内，即只能对罪刑法定派生原则做工具化的改造，而非对罪刑法定的基本理念有所怀疑。不是说要注重罪刑法定的工具理性，就可以允许完全抛开成文法定罪处刑，而是以工具理性为出发点，为罪刑法定派生原则划定一个边界。例如，可以根据我国刑法法律渊源的特殊情况，在刑法规范溯及力的问题上对"从旧兼从轻原则"进行建构，将刑法修正案溯及力问题、刑事司法解释溯及力问题、指导性案例溯及力问题分别进行讨论。[①] 又如，可以在成文法主义的问题上，考虑到我国少数民族地区习惯法对当地刑事司法的影响，允许对禁止习惯法的派生原则进行"突破—识别—回归"三步走的改造。[②] 其次，改造的目的必须是刑事司法实践的现实需求，不能是学者的学术目标或者其他与司法实践需求无关的目标。改造是为了在刑事司法实践中发挥罪刑法定派生原则的作用，如果把司法需求导向的改革，转变为学术语言的盛宴，那么不同学者根据自己理论的需求自然会有不同的改变策略。长此以往，就像犯罪论体系一样，可能会出现每个学者都有不同的罪刑法定派生原则的现象出现。将罪刑法定原则进行分层，目的在于将最高限度罪刑法定的权威和最低限度罪刑法定的灵活相结合，一方面让社会大众认

---

① 车剑锋：《刑事指导性案例溯及力研究——以美国刑事判例溯及既往问题的奥德赛之旅为借鉴》，载《安徽大学学报（哲学社会科学版）》2015 年第 5 期。

② 车剑锋：《破解民族习惯法规范效力的悖论——以罪刑法定原则的自我限制为视角》，载《中共杭州市委党校学报》2016 年第 2 期。

可司法机关的做法，另一方面在罪刑法定的话语之下为司法机关保留一定适用法律的灵活性，从而树立刑事司法的公信力，沟通司法精英主义的话语和社会大众一般性的话语。正因如此，对罪刑法定派生原则的改造必须限制在司法实践需求的范围之内。最后，改造罪刑法定派生原则应当采取"参与者视角"，而非"旁观者视角"。所谓"参与者视角"，是指应当在具体的矛盾冲突中做出罪刑法定的衡量，而不是让罪刑法定原则置身事外。参与者视角与旁观者视角最大的不同是罪刑法定原则发挥作用的方式不同。以旁观者视角看待罪刑法定原则，在存在冲突的利益、观点之前，罪刑法定原则是标准，是一把价值衡量的尺子，其作用是高高在上，解决矛盾冲突。然而高高在上的罪刑法定看似神圣，却可能被架空。因为作为标准的罪刑法定可能会导致各方利益都难以实现，所以各方都会想方设法回避罪刑法定的考问。在罪刑法定问题上的"旁观者视角"是导致我国罪刑法定派生困境的重要因素。相反，"参与者视角"不是让罪刑法定隔岸观火，而是直接把罪刑法定卷入矛盾冲突中，把各种观点的冲突转移到罪刑法定的内部进行，罪刑法定由"标准"演变为了"竞技场"。这样有三个好处：一是罪刑法定理念具有近乎真理的正当性，矛盾在其内部发生，会受到罪刑法定话语场域的保护，保证各方利益获得充分竞争的机会；二是以派生原则作为矛盾争议的焦点，具有足够的灵活性，能够适应复杂的利益纷争，并且可以保证在不破坏最高限度罪刑法定的基础上，完成对最低限度罪刑法定与时俱进的建构；三是统一话语，对大量的刑事司法内部的矛盾而言，罪刑法定派生原则具有类型化标准的作用，以防止矛盾争议仅仅停留在"一事一议"的层面，可以提高刑法理论话语的整合度。

当然，上述三个改造的限制只是对罪刑法定派生原则进行工具化改造的前提。很多建构的问题，仍然摆在面前。例如，应当由谁引导和做出改造，学者还是法官？以何种方式进行改造，立法、司法解释还是指导性案例；等等。对这些问题本文还很难给出直接的答案。本文的目标是指出一个方向，如果对罪刑法定派生原则进行工具化改造的理念都不能获得认可，那么改造的具体方案只能是空中楼阁。

（三）识别：提升罪刑法定派生原则的理论敏感度

对罪刑法定派生原则进行工具化改造，需要对罪刑法定派生原则司法适用高度的理论敏感度。换言之，要进行工具化改造，就需要了解司法实践对罪刑法定主义的需要，而要掌握这种需要就必须能够对刑事司法实践中的罪刑法定问题具有敏锐的嗅觉。罪刑法定派生原则的工具化改造并非形而上的一次性理论建构，而是在个案中逐渐生成的对派生原则的反复调整，其进路是个案中的逐步推进，而非一蹴而就的理论探讨。因为刑事司法实践在变，刑事案件的社会结构在变动，在工具理性的指引下，罪刑法定派生原则的工具化改造就不可能一蹴而就。本文认为，对罪刑法定派生原则进行工具化改造的最关键的问题是发掘正在发生的、典型的罪刑法定案例。罪刑法定派生原则的工具化改造，并不是以罪刑法定为中心的，其核心要义是利用罪刑法定基本原理的正当性和派生原则的灵活性，创造刑事司法的可循迹性，沟通司法精英和社会大众不同话语体系间的鸿沟。以此为出发点，只有在典型个案中，这种沟通才能达成效果。这就需要我们培养理论敏感度，发掘具有典型性的罪刑法定争议案例。这样的典型案例需要至少具有三个特征：一是能够引发广泛讨论，罪刑法定工具化改造的终极目标是提升司法公信力，并不是单纯达成理论上的革新，因此，首先必须能够引发社会大众的广泛参与，在这样的案件中讨论罪刑法定的问题，才符合罪刑法定工具化的目标。二是能够体现出罪刑法定派生原则的争议。工具化改造的对象是罪刑法定派生原则，如果争议的问题是罪刑法定以外的其他问题，那么同样难以达成工具化改造的目标。三是易类型化处理，尽管引发广泛讨论的刑事案件社会结构复杂，但是典型案例必须具有易类型化的特征，因为，罪刑法定派生原则的工具化改造不可能是一蹴而就的，随着时间的推移，已经形成的稳定的司法策略必须根据时代的要求作出调整，这就要求案例具有易类比的特征。

在典型个案中探讨罪刑法定派生原则的改造，可以实现罪刑法定与司法实践的"双赢"。一方面，在具有广泛社会影响的典型案件的处理上，摆脱了一事一议的困境。目前我国司法实践在典型案件的处理上，过分纠结于审判的结果，这导致了社会舆论频频对司法判决产生影响。甚至即使司法按照社会舆论的要求进行判决，也不会对司法公信力建设有什么帮助，刑事司法判决亟待理论关怀增加其权威性。将个案中的矛盾冲突内化于罪刑法定派生原则中，可以为司法实践提供一种理论上的人文关怀，增加司法机关的公信力。另一方面，罪刑法定派生原则在个案中，展示出了实践理性、工具理性，焕发出了理论活力，避免了理念化、绝对化的困境，实现了由"空对空"到"地对地"的转变。

结　语

在我国，尽管罪刑法定原则法典化已经 20 年，但是其所提倡的人权保障，无论是从观念上的接受，还是制度上的保障，恐怕还是"路漫漫其修远兮"，仍有待"上下而求索"。① 其中的关键可能在于，本来作为罪刑法定操作规则的派生原则被理念化、机械化。如果说，罪刑法定派生原则从绝对转向相对是为我国所认可的派生原则改造成果，那么根据目前我国法治本土资源的现状，对罪刑法定派生原则进行工具化改造，也并非离经叛道。也只有做出这种改造，才能为刑事司法实践创造理论上的人文关怀，才能使罪刑法定焕发出新的学术活力，以最终实现罪刑法定与司法实践的双赢。

（责编：张一峰　审校：孙树光）

---

① 陈新宇：《从比附援引到罪刑法定——以规则的分析与案例的论证为中心》，北京大学出版社2007年版，第130页。

一物一权原则与双重所有权
理论的"冲突"与协调

窦冬辰[*]

摘　要： 双重所有权作为英美信托法的基本理论，面临着与大陆法系财产法的协调问题。我国信托法中未能确定信托财产权利归属的原因之一就是在理论上无法解释信托财产双重所有权与大陆法系物权法一物一权原则的冲突。通过对概念本身的考察可知，两种理论并无实质冲突，仅为因解释选择的不同而产生的一种误解。因此，当务之急是确定信托财产的归属，以满足一物一权的基本要求。为此，鉴于所有权概念的局限性，应当在突出完整权的前提下，明确信托财产归属于受托人。出于相同的原因，不宜在物权法或民法典物权编中对信托财产归属或受益权的性质作出规定。

关键词： 一物一权　双重所有权　信托财产　归属　完整权

引　言

1979 年，为了对高度集中的金融体制进行改革，我国将信托制度作为银行的补充机制引入。时至今日，信托业已经历了六次清理整顿。在目前宏观经济的背景下，信托作为连接实体经济、资本市场和货币市场的金融子行业，发挥着重要的资金融通作用。近年来，专家和学者不断呼吁信托公司应回归其本源业务，信托制度再一次成为大家关注的焦点。且在《民法总则》业已出台、民法典呼之欲出的时代背景之下，澄清由来已久的理论障碍势在必行。我国物

---

* 窦冬辰，中国人民大学法学院博士研究生。

权法虽未明文规定一物一权原则，但仍不妨碍其作为物权法的理论学说而存在。然而，早在 2001 年信托法制定过程中，就有观点认为英美信托法双重所有权结构与我国民法"一物一权"的所有权原则相互冲突，《信托法》第 2 条的内容就是在这种见解下而形成的。① 《信托法》第 2 条规定委托人将其财产权利"委托给"受托人，这一规定在文义上偏离了传统信托关系的实质，造成了额外的解释负担，并给信托业的发展造成了消极影响。因此，明确信托财产的归属及其背后的两大法系的所有权理论冲突，将对包括物权法、信托法等私法在内的一系列法律的修改和制定具有极强的现实意义。

一、信托财产的双重所有权与一物一权的冲突

（一）信托财产之上的双重所有权

关于信托起源的学说，大致有大陆法起源说与英美法起源说，因后者具有现代信托的诸多特征，故为通说。例如，梅特兰认为信托始于英国 7 世纪的 Use 制度。② 在英美法系较为独特的法律发展历史中，司法机关和立法机关逐渐形成了运用普通法所有权与衡平法所有权解释信托财产之上权利归属的传统。而在其他移植信托制度的法域，由于这种法律传统的缺失，导致双重所有权理论难以得到理解，从而对其本国理论和实践产生消极影响。

英美信托财产双重权利构造的形成是基于其独特的法制历史，即普通法与衡平法的"双规制"。普通法作为英美法系的第一个法律渊源，是相对于地方习惯法、教会法以及庄园法而产生出的一种国王对民众的特殊救济形式，是一种来自于国王的特殊的法，随后经由到各地进行审判的王室巡回法庭的具体措施变成了整个英格兰共同的法律，为全体英格兰民众所共同适用。然而，普通法的产生和存在并没有穷尽国王的司法权，由于所有的普通法诉讼都只能启动于某种既存的诉讼令状（writ），一旦纠纷的事实或诉讼请求不符合这些令状就无法取得普通法上的救济，由此产生了司法实践中的种种不公。如土地受让人违背让与人的指示，而径自享有由土地产生的利益，由于当时的普通法并无此种诉讼令状，因而受让人此时只负有道义上的责任，并无法以诉讼方式强制受让人履行义务。③ 为了缓解矛盾，基于"国王是一切正义的源泉"的观念，

---

① 参见周小明：《信托制度：法理与实务》，中国法制出版社 2012 年版，第 41 页。
② See Gilbert Pail Verbit, The Origins of thr Trust 24–38 (Xlibris Corporation, 2002).
③ 参见王志诚：《信托法》（增订第 6 版），五南图书出版股份有限公司 2017 年版，第 3 页。

这些不公平都在法院之外直接诉诸了国王，后来因为案件数量过多而交由枢密官（大法官）处理。大法官获得国王针对这些事务的特别授权，因而有权签发令状，进而采取不同于普通法的处理方式，以获得最为正义的结果。这就是作为英美法第二渊源的衡平法。① 同为前例，衡平法院将基于良心、公平、正义的原则，强制受让土地者履行其义务，以保护受益人与委托人的利益。

信托财产中所谓的双重所有权便发端于此并驾齐驱的两套司法系统。1066年诺曼征服后采取了层层分封的办法统治英格兰，作为分封的代价，得到封地的封臣要对领主承担附加在土地上的多种义务。13 世纪前后，封臣为了逃避这些财产负担，就通过一定的仪式将土地转移给受托人，这样对外界来说，受托人就拥有了这块土地，但在转移同时也约定了受托人有义务将该土地和收益归还给信托财产设立者，在其死后或继承人达到法定年龄时，受托人应按有利于第三人（信托财产收益人）的原则处理该项财产。天主教会尤其经常采用此制度，因为教规禁止僧侣贪财，寺院就将自己的财产交付给第三者管理，这样就在表面上失去了财产，实际上仍享有财产的收益。问题在于按照普通法，财产一经交付某人，后者便成为所有者，委托人与受益人失去对该项财产法律上的所有权。如果受托人不按自己承诺的方式处理这些土地，由于当时在普通法有限的几十种令状格式（writ）中，并没有确认这种诉讼请求的令状，第三人（信托财产收益人）就没有任何办法请求王室法院强迫受托人履行信托协议，这样，他们只好转向大法官寻求帮助。而大法官长期以来都由精通罗马法和教会法的宗教人士担任，强调人的精神和灵魂的教会法自然会赋予个人行动中的意图和倾向性以最重要的意义。于是基于其宗教背景进行 "良心" 上的考虑，在处理纠纷时不是以法律形式，而是以订立契约时的意图为根据作出了有利于受益人的判决。大法官认为所争议的土地虽然 "在法律上"，即根据普通法规则是属于受托人所有的，但受托人违反信托协议的行为是违反道德的行为，也就是违反 "良心" 的犯罪，"在衡平上"，受托人就有义务依照信托协议中他承诺的方式来处理，这样，信托财产就受到了保护。②

---

① 参见冉昊：《 "相对" 的所有权——双重所有的英美法系视角与大陆法系绝对所有权的解构》，载《环球法律评论》2004 年第 4 期。

② 参见冉昊：《 "相对" 的所有权——双重所有的英美法系视角与大陆法系绝对所有权的解构》，载《环球法律评论》2004 年第 4 期。

虽然，普通法法院与衡平法法院的二元司法体系已经不复存在①，但二者作为两个独立的法律渊源依然被现代法学所继承并不断发展。② 对信托财产归属问题的解释即为一显例。普通法信托的标志性特征就是对标的财产的双重所有结构（Bifurcation of Ownership）：受托人是信托财产法定权利的享有者，即法律上的所有者，但该信托财产在衡平法上归属于受益人。目前，双重所有权理论之所以在我国具有一定影响力，是由于我国对英美法系信托制度的引入。鉴于信托制度在资产管理方面的独特优势，我国于 2001 年正式通过了信托法，在法律的内容上主要参考了日本信托法、韩国信托法与我国台湾地区"信托法"的立法例。但就现代信托的本源，民事信托产生于英格兰，商事信托则在美国得到大幅度地发展，商事信托虽有其独立的规则体系，但这些根据商事习惯发展出的裁判规则并未突破民事信托的基本法理。况且，日本、韩国、我国台湾地区信托在很大程度上也是以英美信托法为蓝本，法理上一脉相承。随着资本主义经济模式的传播，无论在大陆法系国家还是英美法系国家，信托已成为一项重要的财产管理制度。因而，有必要在阐明其内容的同时详察其理论发展脉络。

（二）一物一权主义的基本思想

我国物权法中并没有对一物一权原则进行明确表述，传统理论界则有客体特定说、物权效力排他说以及折中说等理论观点，③ 但各学说之间的共识大于分歧，总结起来，一物一权原则基本含义如下：

一物之上只能且必须存在一个所有权，不能成立两个或两个以上的所有权。这种认识符合财产权利的私有属性以及财产法的基本精神，所有权最为主要的制度理念就是确立财富的归属关系，使得财产所有关系处于稳定的状态，实现定分止争。相反，若允许一物之上成立两个以上的所有权，则比没有确定该物的所有权更容易引发人们的纷争和矛盾，更无法实现物的有效利用。④ 所有权的概念产生于罗马法，在罗马法中被表述为"dominium"，有统治、管

---

① 1873—1875 年，英国通过了以彻底改革司法制度为主要目的的《司法制度法》。据此，取消了普通法与衡平法的理论分野，而代之以统一的司法制度。在所有的法源里，普通法与衡平法具有同等的效力，两者冲突时，以衡平法优先。参见《牛津法律大辞典》，光明日报出版社 1998 年版，第 484 页。在美国，大多数州也已经取消了衡平法院（court of chancery），但亦有少数州对该机构予以保留。如：新泽西州、特拉华州、阿肯色州、密西西比州、田纳西州以及佛蒙特州。参见 See George T. Bogert, Trusts, 6th Ed, West Academic Press, p. 4.

② 参见周小明：《信托制度：法理与实务》，中国法制出版社 2012 年版，第 64 页。

③ 参见侯水平、黄天果等：《物权法争点详析》，法律出版社 2007 年版，第 90—91 页。

④ 参见刘凯湘：《物权法原则的重新审视》，载《中外法学》2005 年第 4 期。

辖、控制、支配等意义，在法律上即是"对物享有完全的权利"。① 承袭罗马法的大陆法经典民法典都在法律文本中表达了所有权绝对的观念。我国物权法所规定的所有权概念虽然不比资本主义民法典那样宣扬所有权绝对，但仍然承认所有权的支配性。所有权人在经济活动中，出于实现经济利益的考虑，可以将所有权的部分权能转让给第三人，但第三人的权利通常有明确的存续期限，因此，这种对所有权权能的分割并不导致所有权的丧失。此时，权利人仍然享有所有权的依据就是依法取得的支配权，也是罗马法所确认的所有权的"弹力性"或"伸缩性"。而由于这种支配权在效果上是排他的，即在同一物之上独立支配其物的排他的权利，因此，这种排他性的必然延伸就是一物一权原则。② 应当指出，将此作为对一物一权原则唯一内含的观点不在少数。德国、日本以及我国台湾地区民法理论将此作为通说。③ 由于该观点内容精简，且将一物一权仅作为所有权领域的一项基本原则，因而，也被称为严格意义上的一物一权主义或狭义的一物一权。

我国大陆地区学者在狭义一物一权基础上又进行了理论构建，扩充了其内涵，形成广义的一物一权理论。相比于狭义的一物一权理论，增加了如下的内容，而这些新内容并不与双重所有权理论相互冲突。详言之：第一，同一物上不得成立两个或两个以上内容相互冲突或矛盾的定限物权。换言之，同一物上可以成立多个不相冲突和矛盾的物权，对一物之上存在多个他物权而非所有权，法律不仅不应当禁止，反而因其能够促进有限资源的高效利用而应当予以鼓励。④ 双重所有权理论所强调的是一物之上的两个所有权，而非定限物权，因而并不排斥权利人对信托财产的物权性利用，例如，将信托财产进行多重抵押、质押。第二，一物的从属部分不得成立单个所有权，这就是说一物的某一部分如果尚未与该物完全分离，则不能成为所有权的客体。而英美法系虽然主张信托财产的双重所有权，但是，该所谓的双重所有权作为一个整体而言，也不能及于一物的各个部分。因而，虽然是双重所有权，但其权利客体仍然为物的整体，符合罗马法中的"所有权遍及全部"规则。第三，一个物权的客体仅为一物，且该物应当是独立的、特定的。同样，将双重所有权中的两个所有权视为一个整体，二者只能同时指向同一特定的、独立的客体，永远无法做到分别指向不同的物。因此，这与双重所有权理论亦不存在冲突。因此说，此处

---

① 参见王利明：《物权法研究》（修订版）（上卷），中国人民大学出版社 2007 年版，第 393 页。

② 参见王利明：《物权法研究》（修订版）（上卷），中国人民大学出版社 2007 年版，第 395 页。

③ 参见谷川：《法律社会学视角下的所有权理论变化》，载《理论月刊》2013 年第 10 期。

④ 参见王利明：《物权法研究》（修订版）（上卷），中国人民大学出版社 2007 年版，第 186 页。

的冲突，仅限于信托财产双重所有权与严格意义上一物一权原则之间冲突。故本文之后所提及的一物一权均为严格意义上的一物一权。

（三）两种理论的冲突及影响

综上所述，英美法系以双重所有权理论解释信托财产，受托人是普通法上的所有权人，受益人是衡平法上的所有权人，如此一来，便产生了同一财产之上出现两个所有权人的表象，与旨在强调一物之上只能存在一个所有权的一物一权原则不相融合。囿于理论冲突的悬而未决，我国信托法长期以来未能确定信托财产的归属，立法机关对此也持回避的态度。这种回避态度所导致的不仅仅是受托人与受益人之间的选择障碍，同时还将委托人也加入了信托财产归属"候选人"的行列，从而进一步将问题复杂化。根据《信托法》第 2 条的文义解释，委托人只是将财产权利"委托给"受托人，受托人似乎并不享有对信托财产终极支配权。曾参与起草信托法的学者指出，信托法草案原本是采用了"转移给"的表述，但为了避免与大陆法系一物一权原则相冲突，故回避了这一表述，立法者并无意改变具有英美法传统的信托实质。[①] 尽管如此，信托财产归属的不确定已经给实践造成了甚为严重的影响。

信托财产归属无法确定，使得登记机关无法办理信托财产登记。《信托法》第 10 条规定，对于信托财产，有关法律、行政法规规定应当办理登记手续的，应当依法办理信托登记。然而，由于权利归属不定，导致登记机关难以出台相应的登记类型。依我国现行法，不动产的物权变动采登记生效主义。因此，无论信托财产归属于受托人还是受益人，都需办理登记。然而，实践中信托公司开展的业务以资金信托为主，以土地之上的权利及地上建筑物为初始信托财产的不动产信托业务（REITs）还不多见。原因之一就是登记机关没有此类登记项目。对此，法律行为的当事人可以进行普通的物权变更登记，使受托人成为财产的所有者。然而，一般的权利人变更登记将产生额外税负，在以不动产为标的的情形下，高昂的因过户而产生的费用将迫使当事人放弃交易。此外，即便认为设立信托无须财产权利的转移，信托财产仍属委托人所有，那么现有的登记制度也无法将财产之上已设立信托的事实状态进行公开，受益人的撤销权将严重威胁第三人的合法权益，维护交易安全的制度目的无法得到实现。为了弥补制度供给的不足，实践中受托人往往与委托人之间签订抵押合同，并办理抵押登记，以实现受托人权益的保障以及信托财产之公示。然而，看似权宜的做法往往顾此失彼，导致当事人之间法律关系的混乱不堪，并给法

---

① 参见周小明：《信托制度：法理与实务》，中国法制出版社 2012 年版，第 41 页。

律适用徒增难度。

信托财产界定不清使得信托制度与委托、代理制度难以界分，不利于信托法的适用以及信托理论的发展。如前所述，根据我国信托法的文义，信托财产有被解释为归属于委托人的可能性。而在商事信托活动中，如资产管理计划、信托计划、银行理财，委托人与受益人大多为同一法律主体，即一方为另一方的利益进行法律行为或事实行为。如此一来，信托关系与委托、代理关系在外部形态上出现了高度相似性，如在财产是否转移问题上没有明确的态度，就使得信托与其他法律关系难以界分。其结果是降低了信托受托人的信义义务，即本应适用信托法的社会关系，却由委托法、代理法越俎代庖，严重损害了受益人的权利。

此外，如僵硬地套用双重所有权理论解释我国信托财产之上的权利还存在着一个难以自圆其说的缺陷：我国所有权的客体为动产或不动产，而信托财产包括财产及财产权利（《信托法》第 2 条、第 7 条），二者的外延并不相同。所谓财产权，依一般解释，系指包括金钱及可依金钱计算价值的权利在内，诸如动产、不动产、有价证券、商业票据、现金等具有财产价值的权利固属之，其他如属于准物权的矿业权、渔业权，以及属于无体财产的著作权、专利权、商标权等亦包括在内。[①] 这就造成了在信托实践中普遍存在的股权信托、信贷资产信托、知识产权信托、应收账款信托、二次信托等类型的信托都无法被该理论所解释。也正是从这个角度出发，笔者不赞同有学者提出的在物权法中增设 "信托" 一编以解决信托财产归属的立法建议。[②]

二、双重所有权与一物一权冲突的实质

本文将两种理论的冲突称为一种假象。原因是这种双重所有权与一物一权原则并无实际冲突，仅为因对法律概念解释选择的不同而产生的误解。这种混为一谈的误解实际上是将英美法系中的所有权概念与我国的所有权概念相互等同的结果。而法律本为地方性知识，非无地方界限的原则。[③] 因此，正如我国学者难以认同双重所有权观念一样，普通法中也并无与大陆法系所有权严格对

---

① 参见王志诚：《信托法》（增订第 6 版），五南图书出版股份有限公司 2017 年版，第 131 页。

② 参见王涌：《信托法与物权法的关系——信托法在民法法系中的问题》，载《北京大学学报（哲学社会科学版）》，2008 年第 6 期。

③ 参见［美］吉尔兹：《地方性知识：事实与法律的比较透视》，邓正来译，载梁治平主编：《法律的文化解释》，生活·读书·新知三联书店 1994 年版，第 130 页。

应的概念，所有权及相关的所有权绝对、一物一权等概念的提出也只是民法法系对自身社会生活习惯与经济基础的理论抽象。而由于英美法系并未经历类似文艺复兴的中断式革命，在观念上仍然认为一切土地属于国王所有，即国王享有土地上的所有权，而个人只是拥有土地的保有权，但该保有权在内容上及其丰富，而所有权在内容上相较之则甚为空泛。① 这样的法治传统毫无疑问没有所有权绝对思想生长的土壤，取而代之的是相对化的所有权观念。这样的被弱化的所有权观念在解释信托财产权利归属问题上显得游刃有余，不存在大陆法系中发生的认知障碍。相反，承袭罗马法的大陆法系民法将所有权与对客体的终极支配力紧密相连。随着近代资产阶级革命成功，他们的诉求也被宪法以及具有类似宪法地位的民法典所确认，"他们关注的焦点，乃是确立一种能够使得个体摆脱人身性约束的关系，称为自由的个体……允许个体能够拥有最大限度的自由，去进行营业上的自由竞争"。② 通过观察近代民法典的规范，可以更加直观地理解这种强调个人自由、强调私有财产权绝对的观念。③ 如《法国民法典》第 544 条将所有权定义为"对物有绝对无限制地使用、收益及处分的权利，但法令所限制的使用不在此限"。《德国民法典》第 903 条规定，所有权指"物之所有人，在不违反法律或第三人权利之范围内，得自由处分其物，并得排除他人对物之一切干涉"。从表面上看，大陆法系所有权理论与双重所有权理论在价值取向上就存在冲突。但事实上，两种理论对信托财产及信托关系的规范意义体现在不同的侧面，并不存在所谓的冲突。

双重所有权理论从受托人与受益人利益平衡的角度出发，一方面，强调信托财产在法律上归属于受托人，以实现受托人对信托财产的保有、管理和处分；另一方面，由衡平法确认受益人享有所有权，以保护其从信托财产中获得收益的权利。相应地，我国和其他大陆法系国家和地区信托法所确立的规则同样体现了上述思路：受托人因承诺而取得相应的信托财产，在信托存续期间，受托人为了实现信托目的或受益人的利益管理和处分信托财产，这些规则所对应的是英美法系中的普通法所有权；同时，信托法赋予受益人收益权以及诸多其他旨在保障收益权实现的权利，而这些规则被与此对应的衡平法所有权所描绘。

一物一权强调一物之上只能存在一个所有权，而此处的所有权并非相对化

① 参见于海涌：《论英美信托财产双重所有权在中国的本土化》，载《现代法学》2010 年第 3 期。
② 参见薛军：《"民法—宪法"关系的演变与民法的转型——以欧洲近现代民法的发展轨迹为中心》，载《中国法学》2010 年第 1 期。
③ 参见张翔：《财产权的社会义务》，载《中国社会科学》2012 年第 9 期。

的权利，而是对财产终极支配意义上权利。大陆法系国家法学理论中，所有权是最为完整、最充分，也是最为基本的物权，其被称为完全物权，是他物权赖以产生的基础。在采列举式表述所有权的国家中，所有权在法律上被认为是诸权能的叠加。而学术界对于这种 "权能集合说" 多有诟病，认为权能不过是所有权的不同作用方式，权能的分离不过是所有权不同作用的具体表现，因而，"权能集合说" 混淆了性质与作用之间的关系。应当认为，所有权是一种质的规定，其核心和灵魂在于所有物之独占性支配权，而非权能上的机械叠加。如果为若干权能的集合，那么便无法解释当某些权能分离后，仍认为所有人享有最完整、最充分的权利。① 对此，理论界长期以来以 "弹力性" 来解释为何所有权在各个权能分离后又能重新聚合为所有权。有关学者进一步指出，要能重新聚合必须存在一个明确的指向与得以附着的依托，即所谓的 "弹力源"。事实上，这种 "弹力源" 也就是经济学产权结构研究中的剩余权。根据该剩余权利理论："对于未设定的决策和实施权，就是剩余控制权；对于设定关系结束之后的剩余收益的取得，就是剩余收益权。显而易见，无论依据设定将权能怎样地转让，剩余控制权和剩余收益权都牢牢地掌握在所有人手中，因此，这种为所有权人掌握剩余的权利，是惟一不会分离出去的，也就成为了 '所有权弹性力' 的源泉。在所有权需要恢复完满时，吸引其他权能向其聚合，从而成为权能分离的所有权的外观体现……即法学理论所力图表述的终级支配权。据此，所有权可定义为：财产所有人对其财产所享有的，包括一系列可分离权能在内的终极支配权。"② 因此说，所有权人所真正享有的、使其超越财产之上其他权利人的是所有权中的 "弹力源" 或剩余权。如前所述，英美法双重所有权理论亦不排斥这样的认识，按照英美法信托原理，所谓的双重所有权并非受托人与受益人同时具有这种终极意义的支配性，相反，这种权利仅被受托人所享有。

值得注意的是，即便在英美法系国家，受托人也并非都是普通法上的所有者。只是在通常情况下，信托受托人表现为法律上的所有权人。例如，委托人将自己享有所有权的土地 (fee simple estate) 转移给 A 设立信托，A 为了 B 的利益担任信托受托人，此时 A 依法享有该土地法律上的所有权，此为一般情形；但如果委托人仅对外签订了一份买卖土地所有权的合同，尚未取得权利凭证 (deed)，此时委托人以该合同利益为信托财产设立信托，A 作为受托人，

---

① 参见梅夏英、高圣平：《物权法教程》（第三版），中国人民大学出版社 2015 年版，第 68 页。
② 参见周林彬：《物权法新论——一种法律经济分析的观点》，北京大学出版社 2002 年版，第 331—333 页。

也只是享有衡平法上的所有权。① 因此说，上述一般情形只是表达了受托人为权利的持有者（title holder）。② 又如，在以受益权为信托财产成立信托的场合中，该受益权本身就是一项衡平法上的所有权，以该财产设立的信托，受托人也只能享有衡平法上的权利。在英美信托法中，如果信托文件中没有对受益权的转让作出限制③，由于受益权更多体现为财产权的特征，因此，受益人可以将其受益权进行自由转让。我国商事实践中，亦有以信托受益权为信托财产而设立的信托。在此种情况下，后一信托关系的受托人所享有的权利与前一信托关系中受益人的权利在性质上应当是无差异的。而此时的双重所有权则表现为两个衡平法上的所有权。鉴于两大法系存在的共通性的问题，笔者建议在描述信托财产归属时，抛弃信托财产所有权、普通法所有权之类不严谨的表达方式，而采用完整权的概念（详见后文）。

综上所述，一物一权与双重所有权并无实质冲突，只是因各国对所有权的理论构建不同而产生的一个误解。两个理论在不同的侧面对信托关系以及信托财产归属问题产生意义，两种理论的内在价值也是一致的。我国信托法中的这一理论障碍产生的根源就在于过于追求比较法上信托制度的"应然"模型，甚至用普通法的话语体系僵硬地解释本土化的信托制度。但正如霍菲尔德曾警示的，"用于讨论信托法的语言是具有误导性的"，梅特兰同样认为关于信托法的一些基本术语，如所有权等几乎承载着意料之外的含义，远远偏离其严格的定义。④

三、"冲突"对我国信托法的启示

（一）确认信托财产归属于受托人

一物一权原则与双重所有理论的一个后果就是《信托法》第 2 条的规定，该条关于信托的定义中仅规定了委托人将信托财产权利"委托给"受托人，造成了解释上的混乱。对此，虽然可以从解释论与信托法体系的角度加以弥补，但无疑加重了解释者的负担。⑤ 由于受托人直接对信托财产进行支配，为

---

① See George T. Bogert, Trusts, 6th Ed, West Academic Press, p. 3.
② See George T. Bogert, Trusts, 6th Ed, West Academic Press, p. 3.
③ 如挥霍者信托，信托文件中对受益权的转让作出了限制，受托人不得自由转让受益权，该受益权一般情况下也不得被强制执行。
④ See Wesley N. Hohfeld, "The Relations Between Equity and Law", 9 Michigan L. Rev. 537 (1913).
⑤ 由于本文主题所限，笔者已对此另文论述。

了管理和处分的需要，在信托法的修订中，应当将"委托给"修改为"转移给"，只有如此，才能还原信托的本旨，凸显信托制度与委托、代理制度的区别，并使得信托法关于信托财产独立性等规则产生意义。此外，从衡平法的发展脉络来看，受益权的最初形态也是对人权，随后由判例赋予其一定的对世效力，但仍然离大陆法系和我国的所有权概念相去甚远。就连英美法系学者也意识到：所谓受益人所有权概念是不成立的，它更多的是税法等领域的一种比喻性的用法。①

（二）在理论上而非制定法中确认受益权的性质

双重所有权理论通过衡平法所有权与普通法所有权平衡了受托人与受益人的利益关系。而一物一权原则的意义在于确定信托财产的归属，即由受托人对信托财产进行终极支配，对于受益人权利的性质为何应当另外加以明确。各国和地区，尤其是大陆法系国家和地区，都有关于受益权性质的讨论。② 代表性学说如物权说、债权说、复合权利说（兼具物权与债权的性质）、新权利说、剩余权利说，等等。各学说都有诸多理由论证其观点，难以求得共识。有观点认为可以通过立法的方式解决此学术争议，当在制定法层面界定受益权的性质后，学术争论则在一定程度上得到缓解。日本经验即是如此，2006 年《日本信托法》第 2 条第 7 款将债权确认为信托受益权的基本性质，随着该法的出台，长久存在的债权说与"债权反对说"的争论也得以平息。③ 笔者认为，不宜盲目效仿比较法上的经验，不宜在信托法中明确界定受益权的性质。一方面，我国信托理论研究起步较晚，理论基础相对薄弱，如今之际应当首先在理论上有所明确，否则，作为立法必要前提的理论共识将相当薄弱，不利于法制的统一发展。另一方面，本问题的性质属于纯粹民法学问题，本身与立法无涉。也正如我国台湾地区学者所言，从不同层面观察受益权，可以得出不同的结论，但这种讨论本身是否具有意义，值得怀疑。④ 事实上，我国信托法中明确规定了受益人从信托财产中获得利益的权利以及对于受益权的保障规则，且在制定法中明确了其法律效力。无论受益权的性质为何，都不影响受益人的权益，因此，将此问题留待学术解决是妥当之举。

① 参见于海涌：《论英美信托财产双重所有权在中国的本土化》，载《现代法学》2010 年第 3 期。
② 其法学界向有对于受益权性质的争论，主张债权说者认为受益权是一向对人权（right in personam），而持物权说者认为该权利可针对财产本身而行使（right in rem），是衡平法上的所有权。See George T. Bogert, Trusts, 6th Ed, West Academic Press, pp. 132—135.
③ 参见张淳：《信托法哲学初论》，法律出版社 2014 年版，第 275—276 页。
④ 参见王志诚：《信托法》（增订第 6 版），五南图书出版股份有限公司 2017 年版，第 180 页。

（三）信托财产与受益权不宜规定在物权法中

为了明确信托财产的归属，应当在成文法中加以规定，有学者建议在物权法中增设"信托"编，在该编中对信托财产的归属作出规定，并将信托受益权规定为物权的类型。[①] 然而，之所以称一物一权原则与双重所有权并非真正意义上的冲突，其中的理由还在于一物一权原则为物权法的基本原则，更严格地说，仅仅是所有权的基本原则。在大陆法系中所有权的客体仅仅是动产或不动产。相反英美法系中的所有权客体极为广泛，不仅包括动产和不动产，还包括各种无形财产权利。物权法的适用范围显然小于信托财产的范围。况且，信托关系与传统民事法律关系相比较为特殊，呈现出一般法与特别法的对应关系，商事规则的多变特性与传统民事规则的相对稳定性必然产生冲突。在规则与价值上，信托法与物权法也有显著不同。若将信托制度置于物权法中，从而进入未来的民法典，在体系的构建上也难以保持体系的统一。故笔者不建议在民法典物权编中规定信托制度。

（四）突出完整权的概念

在表达信托财产归属时，经常的表达方式为"受托人享有财产的所有权"[②]，然而，如前所述，这样的表达方式不能适用于信托财产为无形财产或权利的场合。当信托财产是有体物的，财产归属的表达方式多为所有权，这也符合一物一权原则的适用范围。而当信托财产为无形财产或权利时，这种终极意义上的支配权便不能再表现为大陆法系所有权的形式。但就该种权利而言，亦需要有相应的概念以表达其终极归属的意义。根据我国学者的译注，日本学者已有使用完整权的概念表达信托财产归属的习惯。比如，在对信托受益权性质的讨论中，其债权说的基本思想可以表述为："受托人对信托财产享有完整权，对受益人负有债务。"[③] 在英美法系中，由于 Ownership 或 title 指代的所有

---

① 参见王涌：《信托法与物权法的关系——信托法在民法法系中的问题》，载《北京大学学报（哲学社会科学版）》2008 年第 6 期。

② 参见于海涌：《论信托财产的所有权归属》，载《中山大学学报（社会科学版）》2010 年第 2 期。

③ 参见中野正俊：《论信托受益人的撤销权》，张军译建，载《河南省政法管理干部学院》2006年第 4 期。同样使用完整权来表达信托财产归属的观点参见新井诚：《信托法》（第三版），有斐阁2008 年版，第 40—43 页；四宫和夫：《信托法》（新版），有斐阁 1989 年版，第 61 页、第 62 页；张军建：《信托法基础理论研究》，中国财政经济出版社 2009 年版，第 45 页。

权的概念具有相对性，学者们有时也使用 "full ownership"① "complete owner-ship"② 等用语来强调权利的完整性。

鉴于所有权概念外延无法满足对于信托财产归属的表达需求，本文认为，应当在学理上创造一个上位概念，使其既具备表达财产权利归属的意义，同时在外延上也能够涵盖尽可能广泛的财产。笔者建议使用完整权的概念。作为所有权上位概念的完整权，其外延广泛，不仅包含了有体物之上存在的表达对财产终极支配力的所有权；还包括权利客体为有体物的其他物权类型，如受托人对建设用地使用权、土地承包经营权等享有完整权；同时，也涵盖无形财产之上存在的表达对财产终极支配的权利，如对债权、股权、知识产权等享有完整权。享有完整权的主体亦可以对其权利所包含的各权能进行类似于所有权权能分割式的利用，如实践中将股票收益权单独处分等情形也有了合理的解释。

这样一来，一方面避免了在后两种情况下仍然延用所有权概念所产生的歧义，另一方面也能够体现权利人对财产的终极支配力。使用这一概念的副作用是创造了一个我国民事法律体系中全新的概念，并赋予其特定内涵，使得已经深入人心的固有概念体系因信托法律关系而不得不面临重整，这无疑损害了体系所应有的稳定性。对此，考虑到民法与信托法呈现出的一般与特别的关系，笔者建议将完整权的概念限制在信托法领域。换言之，只有在讨论到信托关系或信托财产等特定领域，才有使用此概念的必要。如这一概念被广泛接受并使用，将其纳入日后的信托法中也未尝不可。

（责编：王百卉　审校：孙树光）

---

① See Peter Vallentyne, Natural Rights and Two Conceptions of Promising, 81 Chicago – Kent Law Review 9, 13（2006）; Dominic P. Parker, Land Trusts and the Choice to Conserve Land with Full Ownership or Conservation Easements, 44 Natural Resources Journal 483, 484（2004）; Cynthia A. Samuel William, Successions and Donations, 45 Louisiana Law Review 575, 581（1984）; Yun – chien Chang & Henry E. Smith, An Economic Analysis of Civil Versus Common Law Property, 88 Notre Dame Law Review 1, 5（2012）.

② See Bernard E. Jacob, The Law of Definite Elements: Land in Exceptional Packages, 55 Southern California Law Review 1369, 1387（1982）; Property – Riparian Rights – Improvement by State – Compensation, 11 Harvard Law Review 344（1897）; Benjamin Klein, Single Entity Analysis of Joint Ventures After American Needle: An Economic Perspective, 78 Antitrust Law Journal 669, 672（2013）.

规范与秩序之辩：当代中国法律移植的困境

董静姝*

摘 要：当代中国肩负着法制现代化的使命，同时面临着汹涌澎湃的全球化浪潮。在此情境下，法律移植这一被认为是高效吸收丰富资源的理想途径，在理论上和实践上都备受重视。然而，当代中国的法律移植正遭遇如下困境：一些从现代西方舶来的规范中的应然要求，与人们的现实存在发生断裂；一些在实证主义法学意义上有效力的规范，却在人们的日常生活中实效性薄弱。鉴于此，必须正视法律移植所涉及的时间维度与空间维度，正视作为实在法规范性之来源和根基的具体秩序；对法律移植作出正确的认识，对现代与传统、西方与中国之间的差异作出理性的辨析，并且作为有限的理性存在保持谦卑的态度，而非单纯追加政治统治正当性的砝码或过分迷恋理性建构的能力。这样，法律移植才能充分释放其价值、实现其功能。

关键词：法律移植 规范 具体秩序 时间 空间

故圣人之为国也，观俗立法则治，察国事本则宜。
不观时俗，不察国本，则其法立而民乱，事剧而功寡。

——《商君书·算地》

引 言

近代中国遭遇来自西方的双重殖民：武力殖民与精神殖民。从政治、经

---

* 董静姝，中国政法大学法学院讲师。

济、法律、文化等各层面都自愿或被迫发生"西学东渐"。现在，中国虽然已经作为一个主权独立的国家屹立于世界，并在"大国崛起"的道路上阔步前行，但是——尤其在全球化浪潮席卷的时代背景下——中国的法制现代化和法治文明建设仍然需要借鉴现代西方法治的优秀经验，是所谓"法律移植"（legal transplantation）。与此同时，自身漫长历史中沉淀的政治法律传统在某种范围和程度上仍然生命力旺盛；另外，也存在立足于自身情况而作出的制度上的自主设计。因此，在当代中国，不同时空的法律碎片或板块衔接在一起，构成一幅风格特异的法律拼图。然而，这些拼图之间并非"无缝对接"，整全性上的缺陷意味着时间维度的"古今之争"与空间维度的"中西之争"，并导致国家制定的规范意义上的"法"（实在法）与融贯于人们日常生活中的"法"（具体秩序）之间存在断裂。

诚然，闭关锁国闭门造车将被时代所遗弃，法律移植作为发展法律的一条简捷路径自然不能被否定和拒绝。然而，必须正视法律移植所涉及的时间维度与空间维度，正视作为实在法规范性之来源和根基的具体秩序；对法律移植作出正确的认识，对现代与传统、西方与中国之间的差异作出理性的辨析，并且作为有限的理性存在保持谦卑的态度，而非单纯追加政权正当性的砝码或过分迷恋理性建构的能力。否则，盲目的舶来只会导致建造一个徒有华丽外表的"人造法律景观"。

基于对上述主题的思考，本文结构如下：首先，分析规范与秩序的关系；其次，呈现近代以降中国的法律图示及其中存在的拼图板块——现代与传统、西方与中国，以及规范与秩序——之间的衔接问题；最后，以第一部分的理论资源为当代中国法律移植的困境把脉，作出诊断并提供纲要式的"治疗方案"。

一、规范与秩序之辩

在法律实证化盛行的现代，分析实证主义法学也风头大兴。虽然内部存在分歧，但分析实证主义法学都十分强调法律和法学的独立性。就法律——实在法规范及其集合——的独立性而言，尽管并不否认在经验事实上法律与道德、宗教、政策等规范，与日常生活的现实存在，与历史进程和空间结构具有必然联系，但却坚持法律在概念逻辑上与之毫无瓜葛，规范性也并不从中汲取——十分彻底的规范主义甚至将上述法律之外的诸种都概之以"事实"，作为与应然（ought）之法律规范截然对立的实然（is）。^① 就法学的独立性而言，主张只对法律本身予以研究，而不必过问之外的事物，并将此标榜为一个真正的法学者的分内之事，即承担科学的任务而非政治的任务（并且，对于"科学的任务"来说，乃是规范科学的任务而非自然科学的任务）。^② 法律实践和理论上的实证主义彼此作用，肇启"合法性"（legality）时代的来临，使得"法律就是法律""规范就是规范"大行其道。^③ 表现在法律移植中，从他国法律文本输入的章节句段一旦被本国烙上官方认证的印记——即，被纳入本国有效力的实在法规范系统——就被认为理所当然地获得"法律"之名，也就被认为理所当然地具有约束力。^④

然而，上述分析实证主义法学的规范思维不过是法学思维模式的其中一种，其他两种思维——具体秩序思维和决断思维——在认识和思考政治法律问题时也是不可或缺的，甚至是规范思维的根基或前提。而规范与秩序——更确切言之，具体秩序（concrete order）——之间的关系是我们认识法律之全貌、尤其是正确对待法律移植所必须透彻理解的。详言之：

分析实证主义——特别是其中的规范主义——将法律概念极度压缩，不仅削去了正当性（legitimacy）考量，^⑤ 也剥落了法律自身生存与繁衍所必需的鲜活历史空间，只剩下失去任何实质性内涵的干瘪的合法性，使得所有秩序沦为一种单纯的象征；或曰，将所有"实然"（主观的"应然"也被规范论等同于"实然"）剔除，只剩下空洞的、形式化的所谓客观"应然"。然而，即便这是出于清晰厘定概念边界的理论需要，但人类历史和政治生活的现实绝非"纯粹的"逻辑梦幻岛，而是在特定的历史流向和空间樊篱中获得安放；实然与

---

① 这种严格强调应然—实然二元对立的主张，以奥地利法学者汉斯·凯尔森为代表，在其《纯粹法理论》《法与国家的一般理论》等论著中，凯尔森都对"是"与"应当"之间的差异和不可通约性作了反复论述。

② 参见［奥］汉斯·凯尔森：《法与国家的一般理论》，中国大百科全书出版社 2003 年版，第 11 页。

③ 尤其是，在依托于主权者命令的早期分析实证主义法律概念被否定之后，以规范或规则作为法律本质的论调在分析实证主义法学中十分盛行。

④ "规范之所以是有效力的法律规范就是由于，并且也只是由于，它已根据特定的规则而被创造出来。"引自［奥］汉斯·凯尔森：《法与国家的一般理论》，中国大百科全书出版社 2003 年版，第 128 页。

⑤ "正当性（legitimacy）"一词至少具有三重含义。第一重是伦理意义上的正当性，这是许多自然法学者热衷研究的，也是最通常的正当性概念；第二重是社会学意义上的正当性，某事在事实上被大多数人承认即正当；第三重是法律意义上的正当性，某个行为在客观上符合实在法规范即正当，在此意义上，正当性等同于或曰被化约为合法性（legality）。分析实证主义法学者便致力于法律意义上的正当性概念，也即，合法性概念。

应然水乳交融，具体秩序对规范起着给定规范性框架的意义。

在对分析实证主义法律概念的批判反思中，我们可以回溯到对希腊单词 nomos① 的释义，从而"以古鉴今"：nomos 在原初意义上与历史和空间流变的基本进程，与土地的占用、分配和生产密切联系。在此，对 nomos 的理解——尤其是在与分析实证主义法律概念相对抗的意义上——至少包括如下三个要点：历史、空间和具体秩序思维。（1）就历史而言，人类有其过去、现在和未来。人类的处境在很大程度上被其历史进程和历史存在所决定和塑造，人类创造的规范——如果想真正安顿而非撕裂我们的现实存在的话——也不能不受到历史性要素的制约。而分析实证主义法学恰恰抽掉了政治法律思考的历史维度，割断了法律观念制度的历史连贯性，这种缺乏历史纵深感的法律认知是不全面的。（2）就空间而言，nomos 可以说是一个"边界性"语词，即，它并非无视地域疆界樊篱的抽象普遍规范，而是一个特定空间——其边界可能会发生变化，但总是"有边界的"② ——中活生生的秩序或曰法则；此外，边界内的空间结构、土地占用和分配的变迁，也形塑着法律的性格。故而，法律的生成与发展也必然被空间性要素影响和渗透。分析实证主义法学恰恰对此熟视无睹，至多只是醉心于建构抽象规范的动态层级这种逻辑意义上的"空间"。

将上述时空要素纳入考量的法律概念，也就指向兼具时间维度和空间维度的具体秩序思维，因此（3）就具体秩序思维③而言：

一方面，它与上述分析实证主义法学的规范思维对抗：规范思维对于"前实在法"的存在漠不关心甚至一无所知，它仅仅习惯于思考既有的抽象规范秩序及其中展开的行为，仅仅习惯于思考合法性——而这只不过是国家官僚系统的功能模式——却回避或干脆放弃对既有规范秩序之根源的思考，将之轻描淡写地说成是"单纯的事实"从而不予问津。然而，这才是真正需要严肃思考的作为"法律之法"的 nomos。实在法规范秩序本身并不是自足的（即，并不像分析实证主义法学者所宣称的那样具有完全的"独立性"），甚至可以说，规范本身并不能创造秩序；唯有在一个特定时空下的具体秩序框架（其

---

① 在施密特看来，nomos 一词最好被翻译为传统（tradition）、风俗（custom）或约定（contract）。

② 与边界性思维相反："世上有一些没有领土、没有国家、没有教会、只存在于'法律'上的民族；对这些民族而言，规范思维是唯一一合乎理性的法学思维。"引自 ［德］卡尔·施密特：《论法学思维的三种模式》，苏慧婕译，中国法制出版社 2012 年版，第 48 页。

③ 在《政治神学》第二版的序言中，施密特将之称为制度性思维（institutional legal thinking），不过，后来在写作《论法学思维的三种模式》时，又说明"制度性思维"一词的不妥当，并代之以"具体秩序思维"。也正是在《论法学思维的三种模式》这本书中，施密特对其法学思维类型作出了完整的论述。

中包含着特定时空中现实存在的权力等级和分配结构，乃至包括作为其支撑的人们的一般认知、行为惯例和价值共识等）之中，规范才能真正发挥某种程度的规制性作用，乃至铭刻在规范调整对象的内心中，而非仅仅具有分析实证主义法学所迷恋的形式有效性。当然，并不否认以规范对既有秩序进行某种塑造的必要性与合理性——人类理性的自觉和社会的进步意味着这种建构能力的释放——因此规范总会以某种高度"俯视"具体秩序。但这种"俯视"与神明对人类的绝对凌驾并不相同，因为，具体秩序由于其承载着特定时空中共享某种精神和物质条件的人们的生存方式和文化情感，会对规范功能的发挥进行"掣肘"，或者说，具体秩序对规范或规范治理提供作为前提的正常概念和正常语境，并矫正着规范的抽象品格可能带来的弊病，因此"（由一个规范所规制之）具体处境与（规范所预设之）具体类型的'正常性'，并不只是一个法学上可加以忽视、规范外在的前提要件，而是规范效力的内在法学本质特征，以及规范本身的一种规范性规定"。① 仅注目于纯粹的"应当"将大大削弱哲学的敏感度，而脱离情境关联性的所谓纯粹规范也只能说是一个法学上的怪胎；或者说，它只在逻辑上生存，而对现实毫无观照，只在苍白的普遍性上消耗精力，而对鲜活的特殊性无所用心。

另一方面，nomos 概念也能够被认为是以"制度性"法学思维对"决断论"法学思维——在其中，对例外状态的主权决断是奇迹概念的政治等价物——的一种补充。② 正如不可能有离开具体秩序而"自由漂浮的规范"（free‐floating norms），也不可能有离开具体秩序而"自由漂浮的决断"（free‐floating decisions）。③

一言蔽之，以具有时间维度和空间维度的具体秩序，为实在法规范注入灵魂和赋予尺度，使之丰满生动、获得真正的权威。"如果没有具体秩序充当坐标系统，法实证论就无法区分法与不法，或是客观性和主观恣意。"④ nomos 才是实在法规范真正的孕育者和规定者，才是真正的"国王"。而追问法律的本质和规范性来源/根基也必然不能罔顾具体秩序，否则只能永远蜗居在法理学

---

① ［德］卡尔·施密特：《论法学思维的三种模式》，苏慧婕译，中国法制出版社 2012 年版，第 63 页。

② 参见 Mitchell Dean, *A Political Mythology of World Order: Carl Schmitt's Nomos*, in *Theory, Culture and Society*, Vol. 23（5）2006, p. 4.

③ 施密特在依赖于具体秩序的决断之外，也指出有一种关于"纯粹决断"的观点："纯粹的决断是以无秩序为前提，而此种无秩序只能透过决断的作成（而非：如何作成决断）被带入秩序之中。"引自［德］卡尔·施密特：《论法学思维的三种模式》，苏慧婕译，中国法制出版社 2012 年版，第 69 页。

④ ［德］卡尔·施密特：《论法学思维的三种模式》，苏慧婕译，中国法制出版社 2012 年版，第 82 页。

的休息室里。如此，我们拥有的才是一个其光辉能够照进政治法律实践的、有血有肉的法概念。

如果更进一步，站在现代性的哲学高度作一番审视，将会发现，分析实证主义法学的规范论正体现了现代性帷幕拉开以后人类作为"弑神者"对自己理性的自负。即，当人类僭越神明的立法地位之后，试图像上帝那样按照自己的想象为这个世界设计和界定新秩序，于是野心勃勃地创造（无论是原生性创造还是借鉴性创造）新的规范对公共生活和私人生活进行塑造。诚然，如上所述，规范与具体情境之间总是有一定距离——这种距离在任何时代也不能避免——但不同于前现代对这种距离始终保持谦抑性（或者就可以说，前现代的法律大幅度"取法"于人们的现实存在，取法于 nomos），现代世界越来越多的所谓"普遍性规范"对具体秩序的超脱已经逾越了一定限度——而这被信仰理性的人类乐观地解释为"建构新世界"。但是，人类的理性和力量都不像神明那样是绝对而无限的，当人定规范过分跳脱于具体秩序及其所营造的正常语境，也将失去自己的意义与脉络。"自由漂浮的规范"终究会因为没有根茎汲取养分而枯竭，"理性的神话"终究会宣告破产。（对此，当我们审视"自由漂浮的决断"时，也存在类似的问题，尽管决断本来是对企图以规范统摄一切事物的理性神话的否定，但彻底无视具体秩序作出决断或许也是一场迷狂。）

当我们明白一个鲜活生动的法概念，或者说，当我们明白特定时空下的具体秩序对实在法规范而言意味着什么，再来审视中国的法制现代化之路——其中法律移植具有重要的地位——就将发现我们所面临的真正困境。接下来的两章就将分别梳理中国法制现代化的历史路径和现实图景，并结合本章论述对其中的困境予以分析，进而提出相关理论建议。

二、中国法制现代化图示：不同时空的法律拼板

古代中国自汉唐开始，奠定了儒学在政治、经济、文化等各方面的根基性地位，构成以儒学为中心的国家认同与文化认同。而法律①无论在制度事实层面还是精神观念层面也都烙下了儒学的印记。譬如，对亲缘关系和家（家庭、家族）的重视不仅在社会大众一般伦理规范中获得体现，在国家律法中也历历可见——"准五服以制罪""亲亲得相首匿""存留养亲""十恶"制度等——

---

① 此处所说古代中国的"法律"，其渊源不仅包括律、令、格、式等，也包括十分重要的礼。

而且，对家价值的论证并非简单地止步于作为社会最小集合单位的家庭或家族，而是拓展和上升到政治哲学层面：所谓"以家观国""以家观天下"，家被认为是国的缩影，国被认为是家的延伸；君主与臣民的关系也正如父亲与子女的关系，故而其对臣民不仅享有驾驭和控制的权力，也同时承担关爱庇佑的责任；臣民对君主，也是"君子之事亲孝，故忠可移于君"。可以说，"家"在中国政治法律传统中承担非常重要的角色，千百年来，它也深深渗入中国民众的日常生活，形塑并夯实他们的精神气质与观念价值。[①]

近代中国遭遇西方列强的武力殖民，与此同时，精神殖民也轰轰烈烈地发生。中国人对自己几千年来引以为傲的物质文化和精神文化的自信似乎在朝夕之间崩塌，转而如饥似渴地向西方"取经"。这种学习是如此全面和深刻——说全面，是因为其辐射到政治、经济、法律、文化、科技等各个领域；说深刻，是因为不仅是制度事实上的学习，而且深入背后的思想观念与精神内核的学习——以至于整个中国的观念制度从理论上和实践上都发生了相当程度的"翻新"。不过，正如所有的前进都无法彻底切断与过去的血肉联系，古代中国的一些传统仍然被有意无意地保存下来，并且维持顽强的生机。当时的法律也呈现出上述特征：从清末到民国层出不穷的法律变革，无不反映着中国的政治和知识精英"西学东渐"的自觉探索，却也并未彻底割裂与传统的纠葛。[②]

新中国的成立标志着中国作为一个摆脱被奴役命运的主权独立国家，重新屹立于世界。然而，在西方面前仍然是一副学生姿态：新中国成立之初，我们向"老大哥"苏联学习共产主义和社会主义制度观念：在政治上注重阶级分析，在经济上实行计划经济，在法律体系和法学研究上也具有鲜明的苏联风格。"文革"期间则陷入"法律真空"的尴尬境地。而后，随着改革开放的帷幕拉开，"以阶级斗争为纲"转变为"以经济建设为中心"，计划经济转变为市场经济，并重新启动和加速了法制现代化的进程，乃至肇启了法治建设的历

[①] 古代中国所谓"五伦"中，父子、兄弟、夫妇这类与"家"相关的伦理规范五占其三，其他两伦——君臣、朋友——也是以家庭关系来譬喻。"举整个社会各种关系，而一概家庭化之，务使其情益亲，其义益重。"引自梁漱溟：《中国文化的命运》（第1版），中信出版社2010年版，第135页。

[②] 更加确切地说，从晚清到民国，制度和观念上的西化经历了一个逐渐深重的过程。最开始的学习还只是物质文化层面，所谓"师夷长技"，后来拓展到非物质文化。就法律而言，起初，沈家本修律时，中国传统法制还未被彻底否定；后来，则发展到"国民政府于1929—1930年颁布的民法典在以晚清草案为蓝本的基础上几乎全部仿照德国民法典"，引自邢朝国、郭星华：《从摒弃到尊重：现代法治建设与传统文化》，载《中国人民大学学报》2012年第4期，第95页。不过，无论是哪一部法典，仍然自觉不自觉、或多或少地保留了部分传统法制。

史。① 而在这一历史阶段，社会主义的中国在牢固自身意识形态的前提下，② 跳出曾经过于教条化和极端化的"姓资姓社"之争，从欧美资本主义国家源源不断地吸收西方现代制度与观念。就法律而言，由制度到观念都呈现出从西方"移植"的现象：公法方面固然持谨慎态度，但民主自由被给予相当的重视，相关借鉴也并不鲜见；私法和社会法方面则更是大规模地"搬运"西方成果，对意思自治、人身权与财产权保障、市场经济法制等法律观念制度的学习可谓十分积极和活跃。而在当代世界，全球化浪潮汹涌澎湃，即使政治主权界限依然清晰，经济文化却已然打破了地理空间屏障，因此，相关法律移植更是如火如荼地展开。可见，无论从发展现代法制这一层面考虑，还是从适应全球化、在焕然一新并不断变换的国际政治经济格局中站稳脚跟乃至夺取优势这一层面考虑，法律移植——它通常被认为是后发达法制追赶发达法制的低成本、高产出途径，是高效率吸收（潜在或现实）丰富资源的最优方案——都可谓势在必行。

不过同时，历经几千年沉淀下来的一些传统制度和观念，无论在政治实践、法律文本还是在民众日常生活中都仍然占有一席之地，仍然以"家"为例：（1）就政治实践而言，以家观国、以家喻党仍不鲜见，比如，时常使用的表达"祖国大家庭""五十六个民族是一家""我把党来比母亲"，无不承继着传统思想中在政治建构层面对家价值的吸收。（2）就法律文本而言，比如，现行《宪法》第49条第1款规定"婚姻、家庭、母亲和儿童受国家的保护"，鲜明地反映出"中国特色"的家观念；现行《婚姻法》第4条规定"夫妻应当互相忠实，互相尊重；家庭成员间应当敬老爱幼，互相帮助，维护平等、和睦、文明的婚姻家庭关系"，这几乎就是将"夫妇，父子，兄弟"的家伦理一网打尽，并且"和睦"一词也鲜明地体现了中国传统家观念的和合性；③ 2018 年修改的《刑事诉讼法》第 193 条规定了亲属拒证的法律权利，④这被一些学者解读为中国古代"亲亲相隐"的法律化；等等。（3）就日常生活而言，民众对"家"的认同、重视与庇护仍然融贯于他们的日常思维与行

---

① 现行《宪法》第 5 条规定："中华人民共和国实行依法治国，建设社会主义法治国家。"

② 现行《宪法》第 1 条规定："中华人民共和国是工人阶级领导的、以工农联盟为基础的人民民主专政的社会主义国家。社会主义制度是中华人民共和国的根本制度。中国共产党领导是中国特色社会主义最本质的特征。禁止任何组织或个人破坏社会主义制度。"

③ "和合性"乃是使用钱穆先生《中国人的性格》中的词语。和合性概括了中国人的国民性，也是中国人的家观念中的重要品格。

④ 现行《刑事诉讼法》第 193 条规定："经人民法院通知，证人没有正当理由不出庭作证的，人民法院可以强制其到庭，但是被告人的配偶、父母、子女除外。"

动中——尤其在广大农村，这种认同、重视与庇护较之古代亦不遑多让——与"家"相关的一系列传统儒家伦理规范（如父慈子孝、兄友弟恭、夫妇和睦，以及作为"家"之延伸的上仁下忠、礼师信友）也仍然具有蓬勃的生命力。对人们而言，这是真正形成内心确信与服膺的、有效力（valid）或者说有规范性（normative）的活生生的法，它深深地扎根于并反映着人们的现实存在。

在西方现代和中国传统的制度之外，还有基于对自身在某一历史时期所处情境的特殊性——这种特殊性使得我们既没有现成的相关外来资源能够汲取，也无法继续依赖自身的传统——作出的思考与判断（姑且不论这思考与判断的正确与妥当与否），而自主设计和创造的制度，比如，20世纪80年代初开始推行的计划生育基本国策及相应的法律制度承认与保障——综观中国古代与西方的整个历史，几乎没有遭遇过短时间内人口急剧膨胀的情势，也就没有相关应对的制度可资继承和借鉴，于是必须"自力更生"地进行"计划生育"制度设计。

综上，我们看到，中国法制的现代化道路兼有外来力量刺激和内部自我生长的双重性格。当代中国的法律图示由来自不同时空的法律碎片或曰板块拼接而成：有来自西方的、现代的法律观念制度（比如，对自由权利的承认、保障与追求），也有来自中国的、传统的法律观念制度（比如，对"家"在社会意义和政治意义上的双重认同、重视与庇护），还有中国自主设计和创造的、既有别于西方现代也有别于中国传统的法律观念制度（比如，计划生育）。从而，当代中国的法律图示呈现出一幅色彩驳杂的拼图形象。不过，不同拼板之间的衔接并非天衣无缝。譬如：（1）西方现代的自由观念制度与中国传统对家的维系发生抵牾：子女漂泊异乡的自由与尽孝双亲（"父母在，不远游"）之间存在冲突；契约式的婚姻自由意味着夫妇的结合与分离都不过是两个独立个体排斥他人干涉的自由选择，与"将合二姓之好，上以事宗庙，而下以继后世也"（《礼记·昏义》）的传统婚姻功能之间也存在矛盾；而十几年前的"泸州二奶案"更是借由司法实践暴露出遗嘱自由—私法自治与烙印着传统家伦理的公序良俗之间的激烈冲突；至于上升到政治哲学高度，我们更能清楚认知和切身感受到，现代西方原子式个人的自由及其在面对国家时的敌视态度（国家被视作个人自由最大的威胁或潜在威胁），对传统中国作为"家国"之子的个人形象发生怎样的冲击——后者常常被批判为使个人深受集体的束缚和威权的高压从而无处安放自由——而如上所述，在这种冲击下，家国观念却又仍然在某种意义上屹立坚挺。（2）当代自主设计的制度与传统生活方式之间发生龃龉："只生一个好"的计划生育，① 对家庭和社会的结构性破坏都是不可忽略的，② 对"养儿防老"和"尽享天伦"的传统家秩序造成强烈冲击——养老负担被大幅度转嫁给社会，空巢老人难以甚至无法享受儿孙承欢膝下的乐趣。

于是，我们看到规范文本层面的法律及其背后作为支撑的观念，与人们的现实存在之间，在时间维度（现代与传统的较量）与空间维度（外来与本土的争竞）上都存在着某种断裂。而这种断裂也可以说是"应当"（ought）与"是"（is）、或曰效力与实效之间的断裂：国家制定的某些实在法中的应然要求，在民众——甚至还有政府官员——的日常实际思维和行动中无法得到落实，处于"休眠"状态，更甚者处于被强烈排斥和抗拒的境地；或者说，纸面上的普遍规范与活生生的具体秩序之间横亘着鸿沟。当然，实证主义法学者大可以振振有词地说效力和实效是两码事。然而，一方面，在追溯效力理由时无论是诉诸一种强力事实③，还是一个先验规范④都难以站稳脚跟——前者无异于说，法律移植只不过是一个相对强势的外部力量的侵入（这与丧失自身的主体性、甚至被殖民有何区别！）；后者则对实效几乎不予理会，只是一边轻描淡写地声称"单个规范效力以其所属规范体系大体上有实效为条件""单个规范长期无实效则失去效力"，一边又浓墨重彩地强调一个被预设的"法律逻辑意义上的宪法"才是规范的效力理由，⑤ 最终将法律抽空为远离尘世的纯粹规范。另一方面，仅仅满足甚至醉心于"有效力"的规范秩序，甚至将所有与规范抵触的事实都视为只不过是"证立法律的""合乎启动制裁之构成条件"，⑥ 对现实的无秩序或秩序紊乱漠不关心，也是对法律实践性品格的无视。

因此，就法律移植而言，如果不对上述断裂——现代与传统、外来与本土、规范与秩序——作出严肃的思考、不认真反思法律移植究竟意味着什么，法律移植就将可能沦为一场东施效颦的闹剧，甚至引发灾难性后果。在下一部

---

① 不过，2011 年 11 月，中国各地实施双独二孩政策；2013 年 12 月，中国实施单独二孩政策；2015 年 10 月，中国共产党第十八届中央委员会第五次全体会议公报指出：坚持计划生育基本国策，积极开展应对人口老龄化行动，实施全面二孩政策。

② 这种从家庭到社会的结构性破坏，即从家庭的"四二一"甚至"八四二一"结构扩展到社会人口结构的老龄化。

③ 分析实证主义法学宗师奥斯丁的"法律即主权者的命令"便是将实在法效力诉诸强力的一个典范。

④ 纯粹法理论大师凯尔森的"基础规范作为法律效力的终极理由"便是将实在法效力诉诸先验规范的一个典范。

⑤ 参见［奥］汉斯·凯尔森：《法与国家的一般理论》，沈宗灵译，中国大百科全书出版社 2003年版，基础规范章节。

⑥ 参见［德］卡尔·施密特：《论法学思维的三种模式》，苏慧婕译，中国法制出版社 2012 年版，第 57—58 页。

分中，就将尝试对这些问题作出探索。

三、当代中国法律移植中的困境透视

综观上述中国法制现代化之路，法律移植可谓分量十足。其中的用心和背后的推动力毋庸赘言，但同时也可以看到一些认识上的误区。

首先从法律移植在时间维度与空间维度所呈现出的断裂来分析问题。

从时间维度来说，传统与现代之争不可避免，甚至是被积极触发的，因为"打破旧传统"能够在变革时代满足知识精英对新世界的憧憬，并作为政治精英（革命家和改革家）塑造新秩序的正当性论证。然而，所谓传统—现代的二元对立在上述情况下或许只是具有象征意义的陈述，而并非一种真实的陈述。如果有谁坚信这种二元对立是不容置疑的，甚至将之推到极致，不分青红皂白地断言传统观念制度就意味着陈旧、封闭、错误、死气沉沉，现代观念制度就意味着新颖、开放、正确、活力四射，那么，谁就是在受到现代线性时间观荼毒之下产生了"进步的幻觉"，天真地认为一切在时间洪流中的"前浪"都是应当被"后浪"颠覆的，由此遮蔽了对传统的理性认知。在此，明智的态度是，尽管确实不再像曾经那样将凡是传统的东西认作权威而不加反思地遵从甚至顶礼膜拜，但是，也不应当走向不加反思地予以鞭挞和抛弃这另一个极端，而是应当理性地辨别传统的东西是否具有并在当下仍然具有合理性，如果"以前如此"和"应当如此"恰相吻合，铲除传统的东西就是非理性的，承继传统并对之进行适应于当下情境的创造性完善才是真正理性的。而即使思考的结果是在当下的情境中应当舍弃传统，这也并不意味着传统从来就不曾有过存在和延续的价值，因为必须在一个历史脉络中才能对传统予以正确定位和评判。

再加上从空间维度来看，移植西方现代的法律制度和观念，刚开始有很大成分是被迫的：在半封建半殖民地时代，西方列强借助法律为其殖民统治提供便利，使得殖民成本远远低于单纯军事镇压所付出的代价。然而后来，或许是受到强烈刺激——几千年的辉煌竟在曾经的"蛮夷"面前不堪一击——而发生心态上的剧变，中国对西方法律的汲取转变为自愿，甚至是完全奴化的"学习"。此时，我们不仅不能理性认识自己，也不能理性认识现代西方，而毋宁说是在想象中建构不真实的形象：现代西方就是自由民主的圣地。这又恰恰正合了西方以"文明国家"自诩、以拯救"不文明国家"为政治口号的心意——但其实，这种将异己"非文明化"的做派，却是以"启蒙"为借口发动物质与精神双重殖民的高明手段，是企图将地球上所有政治空间都纳入自己

价值版图中的所谓"普世主义"的价值僭政——于是，不只西方在或软或硬地推销自己的观念制度，从现代西方中心主义的视角剖析中国（及其他非西方国家）存在的意义和价值；甚至中国自身也沦陷在西方的话语模式和思维框架里，从而丧失了自我意识和主体性，丧失了自主思考和创造的能力。然而，正如人类学家吉尔兹（Clifford Geertz）所说，法律和民族志，一如航行术、园艺、政治和诗歌，都是具有地方性意义的技艺，因为它们的运作仰仗的是地方性知识。如果我们不对自己所处的历史阶段、不对时间和空间樊篱所赋予的尺度和划定的界限有清晰的认识，只是盲目地效法现代西方，那么，就像卢梭讽刺彼得大帝没有使俄国人成为俄国人、却使他们变成德国人与英国人一样，① 我们的法律移植也不过是使中国人成为（想象中的）西方人而已——当然，这种"成为"或许终究无法彻底完成，而这也恰恰是由于我们自身的现实存在润物无声的限定与潜移默化地作用。

就此而言——同样以"家"为例——简单粗暴地把与"家"相关的本土传统观念制度贴上专制、高压、威权的标签，以其与西方现代自由精神（或许更确切地说，是西方现代自由主义的意识形态）相悖为由便予以痛斥，就是一种对待本土传统和西方现代的双重非理性。如果审慎地思考，将发现：相较于只截取了个人某个生命片断（即理智健全的成年人）的自由主义，"家"涵盖了完整的生命形态；② 相较于必须对承担义务予以论证的自由主义，"家"当然证成了义务；③ 相较于难以缓解原子式个人精神困境的自由主义，"家"以整体存续的路径（即个体精神在整体中没有断裂的代际保存）突破个体局

---

① "彼得首先是想造就出来德国人或者英国人，而当时却应该是先着手造就俄国人；由于说服他的臣民们相信他们自己乃是他们本来所不是的那种样子，从而彼得也就永远妨碍了他的臣民们变成他们所可能变成的那种样子。"引自［法］让·雅克·卢梭：《社会契约论》，何兆武译，商务印书馆2012年版，第58页。

② 唯有对一个理智健全的人才谈得上完全的自由，因此，西方自由主义其实是成人中心主义。但从家出发作思考，其涵盖了从呱呱坠地到长大成人再到衰老而死的整个生命过程，理智健全的成人和理智不（完全）健全者都被囊括入内，并且从理智不健全到健全的成长，这种时间的持存和推进被很好地反映出来。

③ 对于西方自由主义而言，个人自由是无条件的，对个人自由的限制则是有条件的，即个人承担的义务应当被论证。但对于家而言，父母爱护和抚育子女、子女尊敬和赡养父母以及夫妻互相扶助都具有天然正当性；而当在政治层面"以家观国"，统治者和被统治者的关系犹如父子，双向的义务也得到妥善安放。

限，从而缓解人类精神的本源性冲动；① 此外，相较于个人—国家直接二元对抗的自由主义政治观，个人—家—国家的政治构想则不仅为个人—国家之间的紧张关系找到缓冲，乃至——如上所述——"以家观国"，为一个自由而不失温情的真正的共同体联结坚实的纽带；等等。② 因此，在当代中国的法律制度和观念中，无论是在个体社会经验层面还是在政治建构层面，为"家"保留一席之地，对传统的家文化予以扬弃，以及正确处理"家"与自由之间的关系，都是非常重要而迫切的。

由上述时间和空间两个维度的分析，可以看到，无论站在现代的立场轻蔑传统，抑或站在西方的视角菲薄中国，都是对某种特定时空中的具体秩序的忽视，也就是破坏合理的界定与区分。具体秩序不同于分析实证主义法学（尤其是规范主义）关注的纯粹规范效力意义上的应然秩序，而与具有实质内涵的、活生生的社会生活现实紧密联系，有着自己的历史脉络和空间方位，而这才是规范得以真正发挥规制功能所必须依赖的根本。否则，割弃法律的历史—空间情境关联性，就可能使得被强制"植入"某种规范的政治体发生机体的不适，甚至干脆可以说，在此根本不存在一种规范性，而只不过是在外部高压下被迫屈服的单纯事实而已。

对具体秩序的这种忽视，也就显现出对法律移植缺乏真正真诚的态度或缺乏真正清晰的认识。

首先，就缺乏真诚的态度而言，如果无视法律移植的本旨在于寻求法律发展的真实和可能的途径，仅仅为了追加政治统治的正当性砝码，③ 就狂热地移植西方法律，这便是不真诚的。如果因为西方比我们更强大、更有话语权，就将西方法律奉为圭臬并全盘照搬，这是将强权逻辑错误地套用在正当性论证上。尽管现代西方法律观念和制度确实能够被证成是优秀的，但这也是在西方

---

① 西方自由主义中的个人是个无所归依的形象，因此，必然诉诸宗教寻求宗教慰藉。但从家出发作出思考，某个人上承祖宗恩荫，下则泽被后嗣，其生命被嵌入一个家族过去、现在与未来的漫长历史脉络中，借此得以"永生"，从而缓解了对死亡的恐惧，这也就是为什么钱穆先生在其文章《孔子与心教》中说"中国人的家庭，实即中国人的教堂"。（钱穆：《孔子与心教》，载《思想与时代》1943年第21期。）

② 参见张龑：《论我国法律体系中的家与自由原则》，载《中外法学》2013年第4期，第699—717页。另参见董静姝：《从计划生育的困境论家价值对我国法律体系的意义》，载《人大法律评论》2014年3月（第十五辑）。

③ 还需要注意的是，"历代治者利用移植的规则和制度文本去规制事实，创设新的秩序状态实际上也在为其统治与政治权威寻找新的正当性根基，但是，这个过程本身就是以打破其原有的正当性基础为代价的。"引自马剑银：《法律移植的困境——现代性、全球化与中国语境》，载《政法论坛》2008年第2期。

这一特定时空中的具体秩序背景下得出的结论。法律并非无历史和无地域的抽象规范，也不能被压缩成这样的纯粹概念，而是一种具有上述时间维度和空间维度的情境化的存在。当文本规范与具体秩序相契合——并不是说二者完全天衣无缝，必须承认规范对秩序的某种超脱性，但这种超脱性一定是在某种限度之内——"法律秩序"才不是仅仅停留于分析实证主义法学中对现实毫无观照的应然秩序；法律才不是披着漂亮精致的"正当性"（而这个正当性的论证逻辑还是相当可疑的）面纱却毫无实践意义的"人造法律景观"，而是真正能够对人们的日常生活和现实存在发挥引导和规约作用，乃至内化于人们的思维与行动中。当然，对本土具体秩序的重视绝不意味着我们就对法律移植予以根本的排斥和抗拒，如上章所述，面临着法制现代化与全球化的紧迫性，我们没有足够的时间成本去完全"独立"地在反复试错与纠偏中缓慢摸索前行——否则将被世界远远抛下——但是在移植时，应当慎重考虑。首先，某些法律观念和制度是否真的有移植的必要性。如果只是基于对"现代优越于传统"或"西方优越于中国"的盲信，而没有真正理性的认识，法律移植就很可能是破坏性的而非建设性的。其次，如果确实有必要移植，那么，就应当辨别，被选定的外来规范是否与在本土历史长河中沉淀下来并依然具有盎然生机的观念制度、与活生生地反映着人们现实存在的具体秩序具有异质性，如果答案是"是"，那么，即使这些规范在输出国多么的成效喜人，也必须对之予以某种程度的同质性改造后方可移植。否则，对以上两点的无视就不啻强行砍断并无致命伤的胳臂、还安装上与身体无法协同的假肢一样，是一种伤害性或曰自残式的"治愈"。

其次，就缺乏清晰的认识而言，诚然，从积极的面向看，法律移植——以及既不依赖外来资源、又不借助本土传统资源而对法律制度作出的自主设计——如上所述，体现着现代以来人类对自己理性的信心，即，不再像过去那样视法律为被动、消极地反映日常生活（包括公共领域和私人领域）具体秩序的"镜子"，而是将之视为能够对这些秩序进行剪裁和重塑的"剪刀"。然而，尽管"上帝死亡"作为现代性的标志性精神事件，肇始人类取代神明而自我统治的时代，但人类终究不是上帝那样全知全能的无限存在，而是有限的存在。但令人叹惋的是，法律移植也好，自主设计也罢，都在某种程度上暴露出人类的理性自负，即寄望于按照自己的理想法律蓝图来对既有公共生活与私人生活进行引导和改造，却忽略了法律深深植根于其中并从中汲取养分的具体秩序；或者说，是将文本规范与具体秩序的关系（"规范的改变乃是秩序变迁的结果，而非原因"①）予以本末倒置的颠覆。这种理性引导的规范思维无视时间的持存性或曰秩序变迁的渐进性，无视空间的特定性及其对秩序本质和形态作出的固有限定，无视具体秩序所内涵的权力等级和分配结构、人们的一般认知、行为惯例和价值共识，企图在朝夕之间就完成一次从制度到观念的"洗牌"，这种"理性的暴政"通常会归于失败。剥离具体秩序的"自由漂浮的规范"，由于与人们的现实存在之间具有不可缝合的裂隙，要么太过超前于人们的日常生活从而刺激人们疲于奔命，要么太过滞后于人们的日常生活从而导致人们行动萎缩，要么与人们的日常生活格格不入从而使得人们无所适从，乃至最终引发人们的排斥和抗拒。因此，尽管并不否认法制现代化和全球化中理性建构的必要性，也不否认以某些更加良好的观念制度对"陈规陋俗"予以改造的必要性；但是，人类作为有限的存在，必须正视如下困境：脱离人们的现实存在，脱离为"规范统治"提供必需前提与正常语境的具体秩序，任何法律改造（无论是通过法律移植还是通过自主设计）都难以为继，而所谓法律对其调整对象的约束力也就是无本之木、无源之水，难逃枯萎与干涸的最终结局。

综上，必须正视法律移植所涉及的时间维度与空间维度，正视法律规范性真正的来源和根基乃是特定时空中的具体秩序，或者说，是作为"法律之法"的 nomos。并不是所有舶来的法律观念和制度只要被烙上官方印记就自然成为"我们自己的法律"——即使规范文本可以被"移植"，法律规范性却不可能被"移植"，或者说不可能被立法机关褫夺和垄断。政治统治正当性的生成与论证也不是纯粹抽象的、无视历史和空间给定的具体情境的。建构适应自身的现代法治文明，而非盲目追加政权正当性的砝码或过分迷恋理性建构的能力——这样不仅不能形成新的法律规范性，同时还阉割了活生生的秩序，使民众陷入立法越繁多而秩序感越脆弱、自身存在游离于法律规范之外的境地，这对于国家统治乃至整个民族的文化认同和复兴来说，毫无裨益。

结　语

对法律的理解如果仅仅停留于实证主义法学的实在法规范层面，而不对规范所扎根于其中并从中汲取养分的具体秩序予以重视、不对作为规范背景的历史进程和空间边界予以重视，就将可能导致在法律移植中，以一种与观照人们

---

① ［德］卡尔·施密特：《论法学思维的三种模式》，苏慧婕译，中国法制出版社 2012 年版，第 64 页。

现实存在的具体秩序有所距离、甚至异质的规范，来引导被调整对象朝所预定或希望的方向和目标行驶，却最终难以甚至无法达到该目标。尽管不否认在发展法制现代化和应对全球化挑战的时代背景下法律移植有其必要性，但如果不保持态度的真诚和理性的谦卑，狂妄地以为能够用"先进"的规范对"落后"的既存制度与观念进行彻底的改造，那么，将难以甚至无法实现法律移植的良好初衷。商鞅曾说："故圣人之为国也，观俗立法则治，察国事本则宜。不观时俗，不察国本，则其法立而民乱，事剧而功寡。"① 在学习现代西方优秀法治文明成果的同时，也必须对中国自身作出正确的理解和定位，必须正视和提炼中国在自身的历史空间中生成和维存的观念制度，诊断和切中现实脉搏，以之为法律移植提供同质化的参考和蓝本，这样，法律移植才能真正达到原本所希冀的效果。

（责编：边丽佳　审校：张笈）

---

① 商鞅：《商君书》，石磊译注，中华书局 2009 年版，第 73 页。

网络犯罪中"责令改正"规定之合理性探析

董璞玉　陈　琦[*]

摘　要：《刑法修正案（九）》新增设了拒不履行信息网络安全管理义务罪，并将"监管部门责令改正"作为此罪的成立条件之一。针对这一立法规定，理论界有学者质疑"责令改正"的规定是否合理，是否会阻碍追究网络平台服务者的刑事责任。根据网络发展的现状和网络平台服务者的特殊身份，追究网络平台服务者的刑事责任的确对网络犯罪的治理起到积极的促进作用，然而考虑到社会发展的需要，又不能赋予网络平台服务者过多的义务。通过监管部门确认平台服务者的网络安全管理义务，给予其改正的机会，既能有效的预防网络犯罪的发生，防止网络信息安全遭受破坏，又能充分发挥刑法谦抑性，保障网络平台服务者拥有较大的自由权限，不阻碍科技的发展。

关键词：拒不履行信息网络安全管理义务罪　责令改正　合理性

网络技术是一把"双刃剑"，一方面创造了更为便捷的生存环境，这标志着人类的进步和社会的发展；另一方面网络也成为目前社会的头号危险来源，根据公安部发布的相关报告，2016 年至 2018 年以来，全国公安机关共破获电信诈骗案件 11.9 万起，抓获犯罪嫌疑人 8.8 万名，打掉犯罪团伙 7531 个，捣毁犯罪窝点 1.1 万个，缴获涉案银行卡 18.4 万张、手机卡 19.2 万张，关停涉案违法电话号码 80.4 万个。[①] 这组数字说明，以电信诈骗为代表的因网络技术衍生出来的多种新型犯罪时刻威胁着公民的平静生活。网络犯罪的蔓延程度之快令人咋舌，这使得民众产生严重的不安感。为了适应网络时代的发展，有

---

*　董璞玉，吉林大学 2017 级刑法学博士生；陈琦，广东广强律师事务所律师。

①　《今年全国跨国电信网络诈骗案 3 万余起同比降 36.9%》，载中国公安部网站 www.cyberpolice. cn http：//www.cyberpolice.cn/wfjb/html/xxgg/20180102/4237.shtml，最后访问时间为 2018 年 10 月 15 日。

效地打击网络犯罪, 在司法实践中积极整治网络犯罪的同时, 立法机关也在《刑法修正案 (九)》中设立多个罪名以回应民众的迫切期待。《刑法修正案 (九)》中增设了四个有关网络犯罪的罪名, 并为了有效打击通过网络手段侵犯公民个人隐私的案件而扩大了侵犯公民个人隐私罪的处罚范围,[①] 这一系列的修改能否遏制网络犯罪的蔓延尚需时间的考验, 但其中不乏一些创新、尚未成熟的规定有待商榷。例如, 设置了追究网络服务平台刑事责任的拒不履行信息网络安全管理义务罪, 这一规定具有里程碑式的意义, 因为这是国家开启以刑法规制网络服务平台的刑事责任, 这无疑是立法上的一次革新。但这一创新得到的并不都是赞扬, 也有质疑的声音, 尤其是对此罪中 "监管部门责令改正" 这一行政前置化规定的合理性持怀疑的态度, 本文通过总结拒不履行信息网络安全管理义务罪的立法背景及立法目的, 对理论界关于 "责令改正" 这一规定的争议观点进行梳理比较, 结合司法实践中的具体情况及基本理论逻辑, 对这一规定的合理性问题进行实质性的考量。

一、"责令改正" 规定的立法情况及理论争议梳理

(一) 拒不履行信息网络安全管理义务罪的立法背景

随着社会科技的不断进步, 网络空间已经发展成为与传统空间并列的独立空间, 甚至有学者提出, 网络社会与传统社会已经发展为并存的双重社会。[②]在此背景下, 以计算机网络为工具所实施的具有严重社会危害性的行为层出不穷, 而且通过网络实施给现实社会中的个人利益、社会秩序带来损害的情况屡见不鲜。同时, 因为网络社会具有去中心化、时空互动性较强等特征, 这使得网络犯罪呈现出与传统犯罪不同的特质, 典型的表现就是: 网络犯罪中的帮助行为对犯罪目的实现所起到的作用不比实行行为起到的作用弱。换句话说, 网络犯罪中帮助行为的社会危害程度不一定比实行行为的社会危害程度小。传统的网络犯罪只关注网络犯罪实行行为的处罚, 但就如杀人犯没有凶器就无法完成杀人行为一样, 网络犯罪的实施者失去网络平台也就没有实施犯罪的 "凶器", 人们意识到若没有相关的网络平台, 很多网络犯罪行为就无法实施。

---

① 2013 年 4 月 23 日, 最高人民法院、最高人民检察院、公安部颁布的《关于依法惩处侵害公民个人信息犯罪活动的通知》这一司法解释中表明, 我国目前有关侵犯公民个人信息的犯罪多数通过网络手段实施。

② 参见于志刚:《网络犯罪立法与法学研究契合的方向》, 载《重庆邮电大学学报 (社会科学版)》2015 年第 6 期。

对网络平台责任问题的讨论直至 2014 年"深圳市快播科技有限公司、王欣等传播淫秽物品牟利案"的出现达到了高潮。快播公司明知快播网络服务系统被众多用户用于传播淫秽视频的情况下，有能力但拒不履行网络安全管理义务，甚至采取技术措施规避法律责任，放任他人利用自己的网络技术服务传播淫秽视频，放任自己的缓存服务器被他人利用介入淫秽视频的传播之中，导致淫秽视频大量传播的严重危害后果。① 根据此案，从应然的角度，网络平台服务者不仅不履行其监管义务，而且还为了牟利规避法律造成严重社会后果，无论从客观的社会危害性的角度，还是从主观人身危险性的角度，都有对这类行为单独定罪处罚的必要。从实然的情况，检方在 2015 年 2 月 6 日就"快播案"提起公诉时，我国刑事立法尚没有对网络平台服务提供者规定刑事责任，其行为只能按照"传播淫秽物品牟利罪"起诉。在此背景之下，规制网络平台服务者监管义务的罪名——拒不履行信息网络安全管理义务罪应运而生。

（二）拒不履行信息网络安全管理义务罪中规定"责令改正"

虽然，出于打击犯罪的需要，刑法设立了追究网络平台服务者责任的规定，但考虑到一方面网络犯罪的专业性较强，网络平台服务者应该承担何种监管责任应由专门的监管部门认定而不是司法机关认定；另一方面刑罚处罚的严厉程度决定了其处罚范围内应该尽量的限缩，以保证刑法的谦抑性。借助行政措施严密刑事法网是刑事一体化政策之下严密刑事法网的有效途径之一。② 立法机关在严密网络犯罪的刑事法网时，也充分利用了行政立法、行政执法的力量。

其一，立法机关在设立拒不履行安全管理义务罪以空白罪状的形式规定。没有规定网络平台服务者违反行政法律、法规的行为类型或是网络安全监管义务的内容，而是以行政法律、法规的规定作为网络安全监管义务的来源，作为网络平台服务者违法性的判断标准。也就是说，对网络平台服务者违反监管义务的判断离不开行政法律、法规的规定。其二，规定"责令改正"作为网络平台承担刑事责任的必要前提。这一规定意味着，即使网络平台服务者没有履行网络安全管理义务造成了严重后果，但若其没有拒绝履行网络平台服务者责令改正的行政命令，则不承担刑事责任。那么，追究网络平台刑事责任的目的

---

① 《深圳市快播科技有限公司、王欣等传播淫秽物品牟利案》，载北大法宝 http：//www. pkulaw. cn/case/pfnl ＿ a25051f3312b07f338fe654a235ae614aada750680e1320dbdfb. html？ keywords ＝% E7% 8E% 8B% E6% AC% A3% E5% BF% AB% E6% 92% AD% E6% A1% 88% E4% BB% B6&match ＝ Fuzzy，最后访问时间为 2018 年 11 月 1 日。

② 储槐植：《再说刑事一体化》，载《法学》2004 年第 3 期。

何在？是为了处罚其没有尽到网络安全监管义务造成了不应有的损害结果？抑或是为了处罚其违反行政命令而造成危害结果？这一规定的合理性依据何在？针对这一问题理论界展开了激烈的讨论。

（三）"责令改正"规定的理论争议

部分学者反对 "责令改正" 的这一规定，认为拒不履行信息网络安全管理义务罪的认定要以行政机关的责令改正和网络平台的拒不履行为前提是不合理的，理由包括两个方面：

其一，从立法层面，网络安全管理义务的不明确有违罪刑法定的嫌疑。[①]根据行政法律、法规中对于网络安全管理义务的规定来看，目前我国法律规章中对于网络平台安全管理义务的规定杂乱无章，尚未形成体系。一方面，行政法律法规很难跟上网络技术的发展，其规定存在明显的滞后性；另一方面，即便是已有的行政法律法规的规定，其内容也比较抽象，很难据此确定网络平台的安全管理义务的内容。这就导致行政监管部门作出的责令改正内容要么不明确，要么缺乏相应的法律依据，而网络提供服务者一旦不履行这些行政命令造成损害后果，就会受到刑罚处罚。这种随意性极强的行政命令可能会导致刑罚处罚上的泛滥，从而危及罪刑法定的实现。[②]

其二，从司法层面上，因刑行衔接不畅出现刑罚处罚不合理的情况。一方面，可能导致刑罚处罚范围不全面。"先行政后司法"的顺序，司法程序的启动就会受到行政机关的执法能力和执法状态的限制，行政监管部门与网络服务提供者相比较，似乎后者的技术优势使得其更容易感知到风险，然而，网络服务提供者即使认识到了自己的网络安全管理义务，但是出于利益或者其他因素的考量而不履行进而造成了严重后果，也会因为行政机关没有确认网络服务提供者的改正义务，而给予其逃避刑事责任处罚的理由。另一方面，可能导致刑罚处罚的公平性难以保证。[③]若所有的网络服务的提供者都认识到了自己的网络平台存在一定的技术漏洞需要采取改正措施，当拒不履行信息网络安全管理义务罪中的构成要件结果发生时，刑罚只处罚被行政机关责令改正的网络服务提供者，另一些服务平台因为行政机关的失职或是行政程序的不合理而没有被

---

① 参见周光权：《网络服务商的刑事责任范围》，载《中国法律评论》2015 年第 2 期。

② 有意思的是，即使持拒不履行信息网络安全管理义务罪中的 "责令改正" 的规定是不合理这一相同观点的学者们，互相之间也会存在一些观点上差异，有的认为不合理的理由是限制了网络犯罪的处罚范围，有的则认为扩大了网络犯罪的处罚范围。

③ 参见李本灿：《拒不履行信息网络安全管理义务罪的两面性解读》，载《法学论坛》2017 年第 3 期。

要求责令改正，进而就逃脱了刑罚处罚的困境，这将会导致刑罚处罚的公正性遭到破坏。

"横看成岭侧成峰，远近高低各不同。"就同一个法律规定，不同的学者从不同的角度去理解，所得出的结论也会截然相反。虽然都是对拒不履行信息网络安全管理义务罪中行政机关的责令改正进行解读，另外一些学者则充分肯定了这一规定的合理性，理由包括：

第一，从立法层面上，行政机关责令改正的规定体现刑法的谦抑性。[①] 刑法的谦抑性是刑法自身合理性的必然要求，刑法在法律体系中起着保障法的作用，即刑法只规制违法性达到一定的程度、具有严重的社会危害性的行为。而且，只有在其他法律规定不足以修复被破坏的社会关系的情况下，才会被刑罚处罚，这是刑法的谦抑性的体现。[②] 行政机关责令网络服务提供者做出相关改正措施，若网络服务提供者积极做出相关改正措施，则会出现两种结果。其一，网络服务提供者积极地做出应有的改正措施却依然没有阻止危害后果的发生，则网络服务提供者已尽到最大结果避免义务，法律不强人所难，不应当对其进行处罚。否则，刑法规范本身的行为指导性意义就会丧失，人们将会失去行为后果的预测可能性，刑罚将会被滥用。其二，网络服务提供者的改正措施有效防止危害后果的发生则证明网络安全改正措施的实施足以修复遭到破坏的网络秩序，无须刑罚的介入。无论是哪种结果，若网络服务提供者在责令改正后，采取积极措施履行义务的，都不会受到刑罚的处罚。这种行政法与刑罚先后保护的机制，充分保证了刑法的谦抑性。

第二，从司法层面上，行政机关责令改正的规定，有助于拒不履行安全管理义务罪的主观认定。[③] 此罪的主观方面的认定有些复杂，对于拒不履行网络安全管理义务罪的主观方面，理论界有持"故意论""过失论""复合罪过模式"等不同的观点。但是，这些不同的主观心态的争论针对的是行为人对犯罪结果持何种心态，而行为人对于自己行为是否违反了行政法律、法规的规定是要持故意心态这一点，即使是主观要件有理论分歧的学者们也能够达成共识。行政机关作出责令改正的行政决定，网络服务提供者拒绝改正，可以推定网络服务提供者知道自身的行为是违反行政法律、法规的行为，对自己的违法

---

① 参见刘夏：《拒不履行网络安全管理义务罪若干疑难问题研究》，载赵秉志、莫洪宪、齐文远主编：《中国刑法改革与适用研究（上）》，中国人民公安大学出版社 2016 年版，第 587—588 页。

② 参见田宏杰：《行政犯的法律属性及责任——兼及定罪机制的重构》，载《法学家》2013 年第 3 期。

③ 王政勋、邹超雅：《论拒不履行网络安全管理义务罪的犯罪构成要件》，载赵秉志、莫洪宪、齐文远主编：《中国刑法改革与适用（上）》，中国人民公安大学出版社 2016 年版，第 559 页。

行为本身是有故意的。排除了网络服务提供者以不知自己行为的违法性作为抗辩理由的机会，有利于对拒不履行网络管理义务罪的主观方面的认定。

第三，行政机关责令改正的规定，有利于网络犯罪刑事诉讼程序的展开。① 网络犯罪的特点是集团化、规模化以及行为的隐蔽化。② 这些特点对网络犯罪的司法程序的顺利展开设置了障碍，尤其信息散布型的网络犯罪，一旦发生犯罪证据很难收集。行政机关早期介入，对网络违法行为有一定的初步认识，对可能成为犯罪证据的资料进行固定，有利于司法程序的顺利进行，而且网络犯罪存在一定的专业性和技术性，专门的监管部门在行政执法过程中收集到的资料，为网络犯罪的刑事侦查提供了方便。

综上，将监管部门的责令改正作为构成拒不履行安全管理义务罪的成立条件之一的规定，刑法学界既有支持的声音，也有人表达了反对的态度。评价刑事法律规定设立的合理性，一方面，要从理论体系的角度，从犯罪构成本身出发，分析这一法律规定在犯罪的成立过程中发挥着怎样的作用；另一方面，要结合社会发展的现状及目前的刑事政策，从利益衡量的角度出发来分析这一法律规定的妥当性。

二、"责令改正"规定的功能定性及价值分析

(一) 犯罪客体是判断"责令改正"规定合理性的标准

判断"责令改正"的规定是否合理的前提应当明确判断标准，这里的判断标准指的是拒不履行信息网络安全管理义务罪的犯罪客体。首先，通过比较分析确定此罪的犯罪客体；其次，考量"责令改正"的规定对犯罪客体保护是否产生影响，若"责令改正"的规定对法益保护产生影响，那么"责令改正"的规定就是犯罪构成的必要要素，就有存在的合理性；反之若"责令改正"的规定对此罪犯罪客体保护不产生影响，则这一规定存在的合理性就值得商榷。

拒不履行网络安全管理义务罪的犯罪客体的探究可以从两个方面进行，一方面，从法律规定的角度来分析。此罪是《刑法》分则第 286 条之一规定的内容，从刑法分则的体系性来看，此罪规定位于妨害社会管理秩序罪这一章下

① 刘夏：《拒不履行网络安全管理义务罪若干疑难问题研究》，载赵秉志、莫洪宪、齐文远主编：《中国刑法改革与适用研究（上）》，中国人民公安大学出版社 2016 年版，第 587—588 页。

② 张明楷：《网络时代的刑罚理念——以刑法的谦抑性为中心》，载《人民检察》2014 年第 9 期。

的扰乱公共秩序罪这一节中，也就是说此罪的同类客体是社会管理秩序，拒不履行网络安全管理义务罪规定的是网络犯罪的内容，而网络空间的秩序当然属于社会秩序的一部分，所以，此罪要保护的客体是网络空间的秩序。再具体一些，结合此罪的规定可以发现，构成要件结果的四种情形无论是"违法信息"还是"用户信息"抑或是"刑事案件证据"，都是围绕着"信息"这个关键词建构的。从一般预防的角度，罪名的设立是为了防止犯罪结果的再次发生，在此罪中，罪名的设立就是为了防止信息被不当的处理。因此，从法律规定本身来看，此罪所要保护的客体是在网络空间秩序框架之下的信息网络安全。

另一方面，从法学理论的角度来分析。根据我国对不作为犯罪的定义，[①]拒不履行安全管理义务罪是纯正的不作为犯罪。不作为犯罪的成立以作为义务的违反为前提，履行作为义务所保护的法益事实上也是惩罚不作为犯罪所要保护的法益，所以，作为义务的设立的目的与此罪设立的目的是一致的。在拒不履行安全管理义务罪中，网络服务提供者的作为义务是"应当履行法律、行政法规规定的信息网络安全管理义务"，即作为义务设立的目的是保障网络信息安全，那么与之相对，此罪的设立目的也是保障网络信息的安全。

（二）"责令改正"规定在立法层面上的价值

明确了拒不履行安全管理义务罪的犯罪客体，接下来就要讨论"责令改正"这一规定对拒不履行安全管理义罪犯罪客体的保护是否产生影响，对这一问题的讨论就涉及对"责令改正"的功能性定位的问题，理论界对"责令改正"的性质有两种不同的理解：

第一种观点认为，"责令改正"的规定只是一个客观的处罚条件，并不影响对拒不履行安全管理义务罪犯罪客体的保护。[②]通说认为，客观的处罚条件是在全部构成要件所需具备的不法要件及责任要件之外，基于刑事政策考量之下，对行为进行刑事处罚所必须具备的条件。[③]有部分学者持这种观点[④]，理

---

① 根据张明楷《刑法学》（第五版）的叙述：我国的不作为犯采纳的理论是形式说，即刑法明文将不作为规定为构成要件要素的犯罪，是真正的不作为犯；刑法没有明文将不作为规定为构成要件要素，就是不真正的不作为犯罪。

② 欧阳本祺、王倩：《〈刑法修正案（九）〉新增网络犯罪的法律适用》，载《江苏行政学院学报》2016年第4期。

③ 黄荣坚：《基础刑法学（下）》，中国人民大学出版社2009年版，第440页。

④ 皮勇教授在《论网络服务提供者的管理义务及刑事责任》这篇文章中，虽然没有直接确认"责令改正"这一要件为客观的处罚条件，但将这一要件排除在不作为犯罪的基本特征之外，因此，笔者理解来看，皮勇教授也将"责令改正"这一规定排除在构成拒不履行安全管理义务罪的犯罪成立条件之外。

由是：网络服务提供者的义务来源只包括法律行为或法律、法规的规定，"监管部门责令改正" 不是不作为义务来源的内容，而是起到使网络服务提供者违反法律、法规的违法状态持续的作用。[①]

第二种观点认为，"责令改正" 的规定是构成要件要素的内容，影响拒不履行安全管理义务罪的犯罪客体的保护。这一规定是不作为犯罪成立条件中所包含的内容，是构成此罪的必要组成部分。[②] 持这种观点的学者的理由是：从我国刑法对拒不履行信息网络安全管理义务罪的规定内容可以看出，此罪是典型的不作为犯罪。根据我国理论界的通说观点，不作为犯罪的成立条件包含三个：首先，行为人要有积极作为的义务来源，这是成立不作为犯罪的前提。其次，法律不强人所难，行为人要具有履行义务的可能性。最后，行为人没有履行特定义务。[③] 当探讨作为义务来源这一要件时，"责令改正" 对作为义务来源的确定起着必要的限制作用。虽然依据我国《刑法》第286条之一的规定，拒不履行安全管理义务罪的作为义务来源是法律、行政法规的规定，但是并非所有违反法律、行政法规造成严重危害后果的行为都会被刑罚处罚，只有违反了被监管部门确认的那部分管理义务的行为，才会被刑罚处罚。这是一种特殊的作为义务的类型，被称为双层义务。第一个层次的义务是非刑事的、来源于行政法律、法规规定的网络安全管理义务，第二个层次是由监管部门确认的、刑事层面的网络安全管理义务。[④] 因为 "监管部门责令改正" 这一规定是构成作为义务的重要组成部分，也就成为构成拒不履行安全管理义务罪犯罪构成的必要要素。

以上两种观点进行比较，似乎第二种观点更具有说服力。理由是：

首先，网络服务提供者应当承担一定的义务。我们现实生活中，每当我们打开网页或是视频，总有各种色情、暴力等类似的信息跳出，这种网络色情、暴恐等大量的违法信息能够通过网络平台疯狂地传播，与网络服务提供者对违法信息的传播所表现出放任的态度之间有着必然的关系。很明显，这种信息传播类犯罪已经使得网络空间的良好秩序遭到了破坏，给人们的正常生活带来了极大的负面影响，严重危害了社会的正常秩序。网络服务提供者作为一个市场经营主体，通过提供网络平台换取丰厚的经济利益，那么它也应该对这种经营

① 欧阳本祺、王倩：《〈刑法修正案（九）〉新增网络犯罪的法律适用》，载《江苏行政学院学报》2016年第4期。
② 葛立刚：《网络服务商不作为刑事责任的边界》，载《西南政法大学学报》2016年第6期。
③ 参见李洁：《刑法学》，中国人民大学出版社2014年版，第54—55页。
④ 参见谢望原：《论拒不履行信息网络安全管理义务罪》，载《中国法学》2017年第2期。

行为创设的风险负有监督、管理的义务，这才符合权利与义务的对等性。①

　　但是，网络服务提供者的义务应当限制在合理的范围内。网络技术的飞速发展是推动社会进步、人类发展的最新动力，网络服务提供者们显然是推动网络发展的有力助手，对网络服务提供者赋予过多的作为义务，可能会束缚网络技术发展。公民利用网络发表的言论、视频的内容巨大，要求网络服务提供者一一审查以保证内容的合法性，即使不考虑其实现的可能性的问题，网络服务提供者也要投入大量的人力、财力成本，就会使得经济收益大大缩水，网络服务行业将会受到打击，进而导致网络技术发展的衰落，这显然不利于社会的发展。因此，网络服务提供者的义务不应该是"内容管理"而应该是"信息传播治理"。②

　　而且，对于网络服务提供者的安全管理义务，虽然刑法规范中有大量的规定，但是这些规定大部分是抽象的、笼统性的指导规定，在特定的环境之下，网络服务提供者的义务内涵应当是明确、具体的，这就需要监管机关根据具体情况确认网络服务提供者的监督管理义务。否则，网络服务提供者的义务范围就会过于宽泛，导致刑罚处罚恣意。

　　另外，大量的网络监管义务的法律法规，对于专业的法律从业人员尚不能够完全对其进行认识，要求网络服务提供者清晰地掌握监督管理义务的内容似乎有些强人所难，通过监管部门作出要求改正的行政命令，将网络服务提供者的义务具体化，将网络服务提供者的作为义务限定在一个合理的范围之内。若网络服务提供者面对具体的、明确的作为义务的选择不作为，其行为就不再是不可罚的技术中立或价值中立的行为，对这种明确违反法律规定的行为进行处罚也符合法律公平、正义的要求。③

　　综合来看，既要从现有的社会公共利益和个人利益不受侵害的角度，赋予网络服务提供者一定的监督管理义务，对信息传播类犯罪进行治理。又要从未来社会整体发展的角度对这一义务进行严格的限定，以避免网络技术的发展受阻碍。监管机关的义务筛选机制恰巧能够满足这一要求，监管部门在法律、行政法规规定的义务之下，对网络服务提供者的义务进一步限制，既保障了社会的公共利益又兼顾了网络服务提供者的个体利益和社会的未来发展。既然"监管部门责令改正"的规定是不作为犯罪中作为义务来源的组成部分，那么

　　① 参见梁根林：《传统犯罪网络化：归责障碍、刑法应对与教义限缩》，载《法学》2017年第2期。
　　② 敬力嘉：《论拒不履行网络安全管理义务罪——以网络中介服务者的刑事责任为中心展开》，载《政治与法律》2017年第1期。
　　③ 参见梁根林：《传统犯罪网络化：归责障碍、刑法应对与教义限缩》，载《法学》2017年第2期。

这一规定就是构成拒不履行安全管理义务罪这一不作为犯罪的构成要件的内容。因此，从立法层面上来看，"监管部门责令改正"的规定是必要的。

（三）"责令改正"规定在司法层面上的价值体现

从犯罪成立的角度，"监管部门责令改正"的规定是构成不作为犯罪的必要组成部分，从网络犯罪治理的角度，"责令改正"这一规定也发挥着积极的影响。

第一，"责令改正"的规定限制刑罚处罚范围，最大限度保障网络服务提供者的权益。刑法的谦抑性已经成为刑法的基本原则之一，谦抑性要求刑法作为最后的治理手段，在违法犯罪行为治理中处于保障法地位，当民法、行政法等其他法律规定不足以抑制危害社会的行为发生时，才会启动刑罚手段。在网络安全法等行政法律法规的规定中，监管部门对违反网络安全管理义务的行为会处以警告或罚款这一类的行政处罚，基本不会限制自由。而根据刑法的规定，网络服务提供者若没有履行管理义务，其负责人员将很有可能面临自由刑的刑罚处罚结果。一旦涉及自由刑的处罚，就是极为严厉的刑罚处罚方式，应该谨慎适用。

若没有"责令改正"这一前置性规定，只要网络服务提供者违反了行政法律、法规的规定，没有尽到网络安全管理职责，一旦构成要件的后果出现就要被刑罚处罚。那么，就要求网络服务提供者对现有的法律、行政法规规定的网络安全管理义务都要认识，并小心不得违反，哪怕是与危害后果发生没有因果关系的管理义务的疏忽，再加上法定的危害后果的出现，网络服务提供者就要承担严重的刑罚处罚后果，这样的刑事处罚并不能起到一般预防和特殊预防的作用，反而因为赋予网络服务提供者过于宽泛的刑事责任，不利于人权的保障。

拒不履行安全管理义务罪设立的目的是预防违法信息的大量传播；预防用户信息泄露而导致严重后果；预防刑事案件证据灭失以及其他严重情节。若监管部门责令网络服务提供者采取改正措施，网络服务提供者及时应对，就能够有效地防止上述危害后果的发生，没有必要花费大量的人力、财力，启动司法程序追究网络服务提供者的责任。以网络监管部门做出行政责令作为前置调整方式，给予网络服务提供者一次修正违法行为、防止危害后果的机会，既有利于刑法目的实现，也最大限度地保障了网络服务提供者的权益。

第二，"责令改正"限定义务的范围，发挥行为指引功能以实现对网络犯罪的预防。根据《刑法》第286条之一的规定，网络服务提供者的安全管理义务是在刑法规范中规定出来的，有的学者就提出质疑，行政法律法规规定的作为义务如何上升为刑法层面的作为义务？而且"法律、行政法规"这样笼统的规定，并不能明确信息网络安全管理义务的具体内涵，是否会有违罪刑法定明确性的要求？[1] 事实上，"责令改正"的规定恰恰是解决这两个问题的有效武器。一方面，监管部门责令网络服务提供者采纳相关的改正措施，这种责令将会具体并且有针对性地给网络服务提供者设定网络安全管理义务，也就不会违反罪刑法定明确性的要求。另一方面，刑法规定监管部门根据刑法的规定，对特定的网络安全管理义务予以确认，并规定对确认的安全管理义务的违反将会导致刑罚处罚的后果，通过这种形式，使得刑法规定的行政法层面的义务上升为了刑法层面的义务。

"责令改正"这一规定，通过监管部门以命令性的方式告知网络服务提供者应当为哪些行为，对网络服务提供者的行为提供明确的指引，使得网络服务提供者清楚知道自己行为的后果。这一规定，维护了刑法的稳定性和权威性，充分发挥刑法的行为指引功能，实际有效地预防网络犯罪的发生。

第三，"责令改正"的规定有利于启动责任倒逼治理模式，有效预防网络犯罪的发生。以往刑法规定的网络犯罪的治理模式都是由国家—行为人的二元直接治理，但是随着网络社会的发展，网络平台以及提供网络平台服务提供者在网络犯罪现实化的过程中已经占据不能忽视的地位。绕过网络服务提供者，单纯依靠国家对行为人予以刑罚处罚的方式控制网络犯罪越来越难，而且网络服务提供者的特殊经济体地位，使得它应该在网络犯罪的治理中承担一部分责任，现在网络犯罪的治理模式变成"国家—网络服务提供者—行为人"之间的三元关系。[2] 很明显，网络服务提供者相较于国家来说在网络犯罪的防控方面有更强的优势，因为它们走在网络技术的前沿，能够更清晰地看到网络风险的存在，掌握更多防止网络犯罪发生的有效方法，而且还能节约司法资源。国家与网络服务提供者联合起来，是有效打击、预防网络犯罪的发生的理想模式。

然而，如何将网络服务提供者招纳进这个联合治理的行动中是个难题，期待网络服务提供者长期出于善良的、公益的考虑主动审查网络平台，保障网络空间的秩序似乎是不大现实的，只能由国家将防止网络犯罪发生的义务具体分配给网络服务提供者。在这一阶段，国家与网络服务提供者之间是一种沟通合作的关系，监管部门责令网络服务提供者履行自己的义务，网络服务提供者就

---

① 敬力嘉：《论拒不履行网络安全管理义务罪——以网络中介服务者的刑事责任为中心展开》，载《政治与法律》2017 年第 1 期。

② 李本灿：《拒不履行信息网络安全管理义务罪的两面性解读》，载《法学论坛》2017 年第 3 期。

能够清晰地、确定地认识到自己所应履行的义务的内容，这种责令对网络服务提供者履行义务，进行自身审查起到一个友好的提示所用，大部分网络服务提供者还是愿意与国家合作共同治理犯罪的。这种国家与网络服务提供者合作，双管齐下治理网络犯罪的效果，要比国家单一刑罚治理网络犯罪的效果要好得多，这种 "责令改正" 的规定是促成国家与私人合作的助推力，为更好地治理网络犯罪起到积极作用。

三、"责令改正" 规定的合理运用

"责令改正" 这一立法规定在拒不履行安全管理义务罪的犯罪构成中占据着重要的地位，对网络犯罪的治理也起到积极作用，但是 "监管部门采取责令改正措施" 这一规定在司法适用过程中还需要对一些概念进行明确的界定，才能保证这一规定真正在网络犯罪治理中发挥作用。

第一，监管部门的确认。根据我国 2017 年 6 月 1 日施行的《网络安全法》第 8 条的规定，① 一方面，网络监管部门之间在纵向上有着层级的差异，国家网信部对地方各级网络监管部门及国务院网络监管部门的工作有指导和监督的权力；另一方面，网络监管部门横向之间根据监管内容的不同进行具体、细化的分工。例如，有关网络内容方面的监管要根据具体情况，如果是有关淫秽、色情信息相关的情况应该由文化部监管，如果是牵涉国家安全的暴恐信息传播问题应该由公安部进行监管。再如，网络服务提供者提供的涉及版权纠纷的影视作品，广播电影电视管理部门就有权作出责令改正的行政命令。若网络信息涉及多个部门的监管，任意部门的责令都可以作为拒不履行网络安全管理义务罪的义务来源，也就可以成为拒不履行安全管理义务罪的犯罪成立条件。虽然网络监管部门种类繁多、内容复杂，但是各自依照法律、行政法规的规定，在各自的领域内对网络服务提供者是否履行安全管理义务进行监督管理，再加上国家网信部门这一监管机关背后的监督者，对监管部门的监督工作进行有效的调控，各部门之间互相配合、分工协作，共同保障网络空间的秩序。

第二，"责令改正" 的内容。根据行政处罚法的规定，行政处罚的六种类型中并不包括 "责令改正"；在网络安全法的规定中，"责令改正" 是警告、罚款等行政处罚的前提，而不是与其并列的行政处罚规定。因此，"责令改

---

① 国家网信部门负责统筹协调网络安全工作和相关监督管理工作。国务院电信主管部门、公安部门和其他有关机关依照本法和有关法律、行政法规的规定，在各自职责范围内负责网络安全保护和监督管理工作。

正"是一种行政命令。这就要求行政机关就"责令改正"的内容作出清晰、具体的说明。首先，责令的内容应该明确指出网络服务提供者的哪些行为违反了法律、行政法规的规定。其次，要求网络服务提供者在一定的期限内采取改正措施达到何种效果。在应对网络技术问题上，网络监管部门有时可能不如网络服务提供者的能力强，但网络监管部门可以预设改正措施所应达到的效果，将具体的改正措施方案留给网络服务者去思考。最后，网络改正措施的期限要明确，若期限是模糊的，就无法判断网络服务提供者是否履行了义务。

第三，"责令改正"的形式。关于监管部门作出"责令改正"的形式是否必须要求书面，理论上有不同的看法。大部分学者认为，"责令改正"必须通过书面形式作出，① 有小部分学者认为书面与口头的方式都可以。② 法律没有专门就"责令改正"的作出形式予以规定，在实践中，监管部门以口头的方式作出"责令"这种行政命令的情况是一种常态，③ 但是不能因为口头的"责令"是一种常态做法就认定它是正确的。从应然的角度，一方面，口头作出"责令"的方式，随意性比较强，有损公权力的权威性；另一方面，"责令改正"既然是拒不履行信息网络安全管理义务罪的入罪前提之一，没有书面的证据，将会给可能产生的刑事诉讼程序带来麻烦，而且随意性的责令也会提高网络服务提供者的入罪风险。因此，监管部门"责令改正"的形式应只限于书面。

结　语

综上所述，"监管部门责令改正"这一规定是必要且合理的。持反对观点的学者认为行政监管部门的执法不利将会对拒不履行信息网络安全管理义务罪的认定产生负面影响，但这是一个法律具体适用过程中可能存在的司法问题，不能因为行政执法与刑事司法衔接过程中可能存在的弊端就否定其立法上规定的合理性。讨论监管部门责令改正这一行政前置行为的合理性，应该从本罪设立的立法目的出发进行思考，本罪设立的最终目的并不是惩罚网络服务提供者，而是通过惩罚督促网络服务提供者履行一定的网络安全管理义务，以保证网络秩序的正常运行，以保证公共利益和个人利益不受侵害。

---

① 参见王政勋、邹超雅：《论拒不履行网络安全管理义务罪的犯罪构成要件》，载赵秉志、莫洪宪、齐文远主编：《中国刑法改革与适用（上）》，中国人民公安大学出版社 2016 年版，第 559 页。

② 参见谢望原：《论拒不履行信息网络安全管理义务罪》，载《中国法学》2017 年第 2 期。

③ 王文华：《拒不履行信息网络安全管理义务罪适用分析》，载《人民检察》2016 年第 6 期。

在网络社会背景之下，综合多方利益的考量，网络服务提供者毕竟不是网络犯罪实施者，其行为的社会危害性及行为人的主观危险性都较弱。而且，刑法并不是唯一的调整社会关系的手段，在运用刑罚这一最严厉的处罚手段之前，应该给予网络服务提供者一个避免刑事处罚的机会。若网络服务提供者抓住机会及时采取改正措施，有效防止网络犯罪的发生，保障网络空间的秩序，防止法益侵害的发生，事实上就已经实现了立法目的。如果是这样，网络服务提供者能够避免刑事处罚带来的巨大损失，国家能够保证网络空间的秩序，能够预防公共利益与个人利益的损害，这是一种合作共赢的状态。正是因为有了"监管部门责令改正"的这一前置性规定，才使得这种共赢的状态成为可能。

（责编：张一峰　审校：孙树光）

文本与实践：检察人员分类管理
改革的回顾与反思

龚善要*

摘　要：检察人员分类管理改革在文本与实践上先后经历了探索、推进与深化三个不同的阶段。通过对各阶段的回顾发现，检察人员分类管理改革具有递进性、多维性和曲折性特征，基于对实践及实践特征的分析，本文认为，在深化改革的后期，首先要尽可能地完善检察官的遴选机制，促进检察官遴选过程中的公平性与合理性。其次，建立健全检察官助理的酬薪保障、职业晋升和责任惩戒制度等配套措施。最后，通过拓宽基层检察人员发声的渠道，警惕"沉默"模式的实践回应。

关键词：检察院　人员分类　员额制　配套措施

引　言

十八届三中全会提出"推进国家治理体系和治理能力现代化"要求，并在此基础上进一步指出，"要继续深化司法管理体制改革，建立符合职业特点的司法人员管理机制，完善司法人员分类管理制度"。如果说深化司法管理体制改革是全面推进国家治理体系与治理能力现代化建设的重要组成部分，那么，完善包括检察院在内的司法人员分类管理制度无疑是司法管理改革最为基础性的工作，"具有牵一发而动全身的意义"①。这一基础性的工作，在中国并

---

　　* 龚善要，东南大学法学院硕士研究生。
　　① 郭洪平：《孟建柱在司法体制改革试点工作座谈会上强调凝聚共识攻坚克难走出一条具有中国社会主义特色符合司法规律的改革之路》，载《检察日报》2014 年 7 月 16 日第 1 版。

不是一个新鲜命题，从 20 世纪 90 年代至今，具有鲜明人员分类管理色彩的司法体制改革先后经历了探索、推进和深化三个不同的阶段。① 回顾这三个不同阶段的改革历程发现，检察院人员分类管理改革的背后无不体现出检察院长期以来对其存在的泛行政化、多元化、无区分化的管理模式的反思。② 在此基础上，本文试图通过对各个阶段的回顾尝试回答以下几个问题：文本层面上是如何对检察人员分类管理改革进行规定的？检察院本身又作出了怎样的改革实践？改革的实践具有怎样的特征以及在今后的改革实践中我们应如何应对？

一、检察院人员分类管理改革的文本

（一）探索阶段的改革文本

有关检察院人员分类管理改革的文本最早可以追溯到 1994 年最高人民检察院印发的《人民检察院政治工作纲要》，该份文件中第一次概括性地指出要"依据有关法律法规，对检察书记官、司法警察、专业技术人员以及其他人员逐步实行分类管理"。此后，最高人民检察院在 1996 年印发的《检察工作"九五"计划和 2010 年远景目标纲要》中再一次强调："对检察书记员、司法行政人员、司法警察、专业技术人员及其他人员实行分类管理。"③ 虽然这两份文件均涉及了分类管理，但是分类人员中并没有包含检察官。1999 年最高人民检察院印发的《检察工作五年发展规划（1999—2003）》（以下简称《一五规划》）不仅又一次提出了人员分类管理，并且首次对检察官、书记员、司法警察及其专业技术人员做出了区分。次年 1 月，最高人民检察院颁布的《检察改革三年实施意见》（以下简称《实施意见》）又再次提及检察人员分类管理，与《一五规划》不同的是，《实施意见》明确提出："根据实际工作需要，合理调整检察官与书记员、司法行政人员的配备比例，实现检察人员与司法行政人员的分类管理，并建立独立的书记员职务序列。制定书记员任职资格条件和管理办法，逐步面向社会公开招考书记员。"④ 依据文本规定的内容可以看出，《实施意见》中的人员分类管理改革的目标，是依据检察人员工作性质的不同而做出类型化的区分，并在此基础之上进行分类管理，至少首先在

---

① 陈卫东：《司法改革之中国叙事》，载《中国法律评论》2014 年第 1 期。
② 马英川：《检察人员分类管理制度研究》，载《法学杂志》2014 年第 8 期。
③ 详见《人民检察院政治工作纲要》第 29 条；《检察工作"九五"计划和 2010 年远景目标纲要》第 32 条。
④ 详见《实施意见》第 15 条、第 16 条。

书记员职务上率先实现独立的职务序列、选任和管理。可以说《实施意见》的颁布标志着检察院人员分类管理改革的正式确立。由此，检察院人员分类改革完成了文本层面的探索阶段。

（二）推进阶段的改革文本

最高人民检察院为贯彻对《一五规划》的落实，于 2004 年印发了《2004—2008 年全国检察人才队伍建设规划》（以下简称《建设规划》），并在《建设规划》中明确指出："争取到 2008 年底前，在全国各级检察机关全面推行检察人员分类管理，促进检察人才队伍的专业化建设。"同时，《建设规划》还首次提出 30% 、40% 和 30% 左右的员额比例。《建设规划》提出的以时间年限和员额比例为内容的改革目标意味着我国检察人员分类改革开始进入到推进阶段。随即，在 2005 年最高人民检察院为进一步推进检察人员分类管理改革，分别印发了《检察人员分类改革框架方案》（以下简称《框架方案》）以及《关于进一步深化检察改革的三年实施意见（2005—2008）》（以下简称《三年实施意见》）。与此相对应的是，最高人民检察院也分别在 2005 年至 2006 年的工作报告中提及检察人员的分类管理改革，并在报告中用了"推行""加快步伐"等词汇强调人员分类管理改革推进的重要性。①

但是，推进阶段并没有得到实质性的进展。其中，《框架方案》也只是在数易其稿的情况下才确定在山东、重庆两地开展检察院人员分类管理改革的试点工作，虽然最高人民检察院又于同年印发了《三年实施意见》的通知，并且要求在总结试点经验的基础上，完善检察人员分类改革的方案，并会同有关部门制定检察官单独职务序列，确定检察官职务与级别的对应关系。但是，截止到 2008 年，全国范围内的检察人员分类管理并未建立起来，管理模式基本上仍然套用公务员管理模式。② 此外，2007 年至 2011 年的最高人民检察院工作报告中，始终未提及试点地区的改革进展情况。由此可见，在推进阶段，文本层面的改革目标是继续推进人员分类管理改革，促进专业化、职业化和精英化的检察队伍建设，并在试点地区形成可以复制的改革经验。但是，不论是从试点的范围上还是效果上，都不难发现最高人民检察院"力不从心"的窘境，检察院人员分类管理改革在这一阶段似乎"举步维艰"。

---

① 详见 2005 年和 2006 年的《最高人民检察院工作报告》。
② 易燕平：《按司法规律改革检察官管理体制》，载《法治快报》2008 年 11 月 19 日第 5 版。

（三）深化阶段的改革文本

中央全面深化改革领导小组第三次会议通过的《关于司法体制改革试点若干问题的框架意见》明确将司法人员分类管理作为司法改革的"基础性与制度性措施"。随即，最高人民检察院发布了《关于深化检察改革的意见（2013—2017 年工作规划）》（以下简称《工作规划》），对检察院系统的人员分类改革作了全面而细致的规定。《工作规划》的发布直接促使了检察人员分类管理的深化改革，也标志着检察人员分类管理改革由此进入了深化阶段。在此阶段，中央层面先后对检察官的单独序列、检察官的责任、遴选、工资、履职保障、惩戒以及检察官的助理选任等内容作出了细化的改革安排。概括而言，中央全面深化改革领导小组分别针对司法队伍职业特点、职位性质、管理需要制定了《关于招录人民法院法官助理、人民检察院检察官助理的意见》，力图建立符合检察人员职业特点的检察官助理招录机制。针对检察人员责任制改革的要求制定了《关于完善人民检察院司法责任制的若干意见》，针对检察官的单独职务序列、工资制度改革制定了《法官、检察官单独职务序列改革试点方案》《法官、检察官工资制度改革试点方案》。此外，为进一步完善、深化人员分类管理改革，优化检察官遴选、选拔工作以及相应的职责、惩戒制度，中央全面深化改革领导小组分别审议通过了《关于在全国各地推开司法体制改革试点的请示》《关于建立法官、检察官逐级遴选制度的意见》《关于从律师和法学专家中公开选拔立法工作者、法官、检察官的意见》《保护司法人员依法履行法定职责的规定》以及《关于建立法官、检察官惩戒制度的意见（试行）》。在深化改革阶段，检察院人员分类管理改革在文本层面上全方位展开，一举突破了在推进阶段"力不从心"的窘境，检察人员分类管理改革得以深化。

二、检察人员分类管理改革的阶段性实践

（一）探索阶段的改革实践

这一阶段的改革实践中，虽然文本层面上人员分类管理改革的理念已经跃然纸上，但是，实践中大多数检察院还在处于观望阶段或是停留在理论探讨当中。部分检察院通过理论分析与实践总结指出，既有体制下的检察人员管理体制无法适应提高管理效率的客观需求，无分类化的管理模式也严重制约和影响了初任检察官的选拔和正确履职，并在此基础上提出了按照专业化的需求将检

察人员分为检察官序列、书记员序列、司法警察序列、司法行政人员序列以及检察技术人员序列的设想。① 值得一提的是，北京市检察院第二分院突破了停留于理论层面的讨论，率先在北京市检察系统实行检察官择优选任制度，并以此探索对检察官单列分类管理。②

总体而言，在这一时期，不论是在文本层面，还是实践层面，对于检察人员的分类管理均属于探索阶段，并没有形成成熟的实践经验。

（二）推进阶段的改革实践

这一阶段，试点地区的检察院开始具体展开检察人员分类管理改革，积极响应文本层面的改革要求，但是随着时间的推移，改革的问题接踵而至，实践层面上的改革也开始陷入"举步维艰"的境地。

理论上，实施检察人员的分类管理的前提是，实现人员分流，也即根据检察人员的工作性质与职业性质将其分类。根据 2004 年印发的《建设规划》的要求，检察人员依据职位的性质分为检察官、检察事务官（检察官助理）以及检察行政人员。检察官依法行使国家的检察权，而检察事务官和检察行政人员则主要负责从事辅助性事务和行政性事务，从而各司其职。此外，为了提升检察官精英化与专业化水平，在检察院内部还要实行一定的员额比例，严格控制检察官的数量，但是，无论是人员分流改革还是检察官员额比例改革，都很快受到抵制，并进而流于形式。

首先，检察人员的划分种类很快就受到实务部门的质疑，《建设规划》的"三分法"似乎并不能准确地体现出检察人员的分类性质。一项来自实务部门的课题研究表示，检察人员应当根据分类的原理划分为检察官、检察辅助人员、检察技术人员和检察行政人员四大类，尽管"四分法"与"三分法"总体上差异不大，但是，这至少表明在人员种类的划分上，文本层面与实务之间存有差异。

其次，在人员分类上，最高人民检察院最初的设想是将检察人员分为检察官、检察事务官以及检察行政官。检察官专一从事检察权，检察事务官从事辅助性事项，各司其职。但是，通过对西部 6 个省（区）的 165 个县级检察院的调研发现，在 165 个检察院中共有在编在岗人员 5856 人，其中从事行政事

① 于萍：《对检察辅助人员应分类管理》，载《人民检察》1999 年第 9 期；田定国：《分类管理检察机关工作人员的设想》，载《人民检察》2000 年第 8 期。
② 尔轩：《择优选任：消除人才"瓶颈"的良方：北京市检察院第二分院探索检察队伍分类管理纪实》，载《检察日报》2000 年 10 月 3 日第 1 版。

务管理、综合、政工以及其他非检察业务工作的有 1480 人，检察官有 687 人，分别占到检察机关工作人员总数的 25.3% 和检察官总数的 16.8%。① 大量具有检察官职务的人从事的是非检察业务，他们有的在行政管理岗位上，有的甚至在后勤服务岗位上，这显然与人员分类管理的理念相矛盾。

最后，在检察官员额配比的改革上，虽然早期的试点地区均宣称按照检察官 30%、检察事务官 40% 和检察行政人员 30% 的比例予以改革，如武隆县人民检察院各类职位员额比例为：检察官不超过 30%，检察事务官占 45%—50%，检察行政官占 20%—25%；重庆市渝中区人民检察院确定各类职位员额比例为：检察官不超 30%，检察事务官 45% 以上，检察行政官不超过 25%。② 但后期的实践证明实际效果并非如此。检察人员分类管理从《一五规划》提起之日起至 2009 年大致经历是十余年的时间，在这十余年的时间段内，我国检察官的比例是大致为 60%，③ 远远超过原定目标的 30%。可以说，在检察官员额比例的改革中，检察院是以失败而告终的。

在推进阶段的改革中，检察人员的分类很大程度上流于形式，甚至有报道指出目前的管理模式尚未按照检察工作规律实行检察人员分类管理，检察人员的管理仍然套用行政管理模式。④ 由此可见，检察人员分类管理改革在推进阶段，基本上并没有取得实质性的进展。

（三）深化阶段的改革实践

深化阶段的检察人员改革在文本上得到了中央层面的全力支持，因此，在深化阶段，改革得以全方位展开。具体而言，这一阶段的改革主要从检察官员额制改革、检察官助理改革和检察行政人员改革三个方面展开。

1. 检察官员额制改革

检察官员额制改革表面上是压缩检察官的人数，但其实质是对检察官群体内部的司法权进行重新配置。

时任中央政法委书记孟建柱同志在全国司法体制改革推进会上曾强调，检

---

① 孙谦、郭立新、胡卫列：《检察官管理制度论》，载《司法改革报告法律职业共同体研究》，法律出版社 2003 年版，第 330—331 页。

② 黄豁、侯映雪：《重庆分类改革检察人员职位》，载《新华每日电讯》2004 年 3 月 24 日第 7 版；温辉、杨新京：《有效开发人力资源充分发挥检察职能》，载《中国检察官》2007 年第 9 期。

③ 赵阳：《单一管理模式使检察人员趋向行政化——最高检有关人士建议合理设置检察官单独职务序列》，载《法制日报》2009 年 4 月 7 日第 5 版。

④ 徐盈雁：《分类管理：不当官照样有前途》，载《检察日报》2007 年 9 月 5 日第 5 版；易燕平：《按司法规律改革检察官管理体制》，载《法治快报》2008 年 11 月 19 日第 5 版。

察官员额比例和基数的确定不宜一刀切，这不仅对当下司法改革的攻坚克难具有指导性意义，也对前期司法改革进程中出现的急功近利、照本宣科等不正常现象具有警示意义。① 因此，试点地区在结合自身经济发展状况与案件数量类型等因素，合理地确定了检察官员额。以上海与广东为例，上海市检察院根据自身的案件数量、经济水平、职业素质等因素，分别将三类人员员额所占比例确立为33%、52%、15%。广东省在员额的比例设置上，确立了"以案定额、全省统筹"这一基本工作思路，将人员所占比例确定为39%、46%、15%，适度提高检察官所占比例。当然，在本轮的员额制改革中，为激励检察官助理、拓宽检察官来源渠道，合理分配队伍年龄结构，并没有将员额比例用尽，例如海南省检察院在过渡期内，全省共预留了169名员额。② 根据统计，截至2017年1月底，全国27个省区市检察院均已完成员额检察官的选任工作，共产生入额检察官71476名，员额制改革试点工作基本完成。③

2. 检察官助理改革的实践

在深化改革阶段，试点地区确立了机构整合、检察官员额制改革和检察官助理改革并步齐驱的整体思路。与推进阶段以主诉检察官责任制为主要突破口不同的是，深化阶段，试点检察院在进行检察员额制改革和检察官助理改革的同时，同步进行内部机构的优化组合，并组建以入额检察官为核心，以检察官助理为辅助的检察团队，从而促进检察官助理的人员分流，实现检察官助理的改革。具体来说，检察院会根据检察业务或实际需要设立相应的办案组，依据最高人民检察院对检察官办案组、独任检察官两种办案组织形式的明确要求，办案组通常会有一名入额检察官和若干名检察官助理组成，从而形成一个检察团队。如上海市闵行区检察院在公诉、侦监部门各设立两个检察官办案组和5个独任检察官，独任检察官办案组织实行"1＋X"模式，即由1名入额检察官、1—2名检察官助理组成，进而形成检察团队。④

3. 检察行政人员改革

在深化改革阶段，检察行政人员的改革虽然被提上了文本层面，但是实践层面上，并没有出现大幅度、具体化的改革措施。在已有的改革实践中，行政

① 刘勋：《确定法官检察官员额比例和基数不宜一刀切》，载《人民法院报》2016年7月21日第2版。

② 王玉洁：《海南司法改革过渡期检察官选任结束，首批入员额检察官选出——806名检察官如何产生?》，载《海南日报》2015年6月18日第A02版。

③ 刘婧：《撸起袖子促落实，推动改革见实效》，载《人民法院报》2017年2月14日第1版。

④ 李想：《勇当探路先锋推进司法体制改革试点工作迈出新步伐——8家法检试点经验成司改鲜活样本》，载《法制日报》2015年10月27日第5版。

人员改革具有一定的依附性，主要是通过组建检察团队，重新分配检察权实现。此外，在人财物省级统管后，检察官统一由省级相关组织提名、管理并按法定程序任免，在财政方面也摆脱了对同级行政机关的依赖，一定程度上也促进了司法行政人员管理的改革。

（四）检察人员分类管理改革的特征

回顾检察院人员分类管理的改革实践发现，检察人员分类管理改革呈现出递进性、多维性和曲折性三种特征。

首先，检察人员的改革实现了由探索到深化，由表层到实质的递进性改革。从《人民检察院政治工作纲要》开始，检察人员分类改革的理念只是在文本层面上有所体现；到《建设规划》提出以时间年限和员额比例为具体内容的改革目标；再到深化阶段，包括检察官的单独序列、检察官的责任、遴选、工资、履职保障、惩戒以及检察官的助理选任等一系列文件的出台，都意味着在文本层面上，检察人员分类改革由最初的探索阶段逐步过渡到试点改革推进阶段和全面深化改革阶段，这种由"点"到"线"再到"面"的改革其实质体现出了改革的一种递进性。

其次，检察人员分类管理改革呈现出以人员分类为核心，以相关遴选、选任、职务序列、责任惩戒、薪酬保障等机制为辅助的多维性特征。总体而言，检察人员的分类管理改革并非是单一点、线式改革，而是以实现检察人员的分流为基础，以分类管理为目的的面式改革，这种改革涉及选任、惩戒、酬薪等方方面面，具有多维性特征。

最后，检察人员的分流管理改革在实践的道路上，呈现出探索、推进、停滞、再探索、深化的曲折性。在探索阶段，改革局限于理论层面上的讨论，实践层面并未大范围地展开；在推进阶段，改革不论在文本层面上还是在实践层面都没有形成可以复制的成功经验，改革举步维艰，改革一定程度上陷于停滞；深化阶段，受益于顶层设计，检察人员分类改革从停滞中挣脱出来，得以"复兴"并开始全面地推广，这种探索、停滞以及深化的阶段性特征无不体现出改革的曲折性。

三、基于改革实践的分析与启示

（一）完善检察官的遴选机制

在既有的体制与人事制度下，提升检察官专业化水平最有可能、最为经济的做法是将检察权配置给那些政治素质好、业务能力强、职业操守正的少数检察人员。在此意义上，必然会有一部分人会成为从事辅助性质事务的检察事务官或是检察官助理。那么由此而来的问题是，如果被遴选的人普遍是高行政级别或是领导级别的人员而非一线的办案人员，遴选的标准是工作的时间、年龄和人际关系而非专业技能，并且在遴选的程序上存有偏私，那么，必然会有部分检察人员选择"退出"。

事实上，在改革阶段，实践中检察官流失现象一直存在，尤其是在基层检察院中，表现得尤为严重，在分类改革的推进阶段，基层检察院普遍存在在岗率低、年轻骨干成员跳槽多等人员流失现象，部分地区的检察官流失甚至已经成为一个不容忽视的现实问题。① 在改革的深化阶段，面对日益增多的工作量以及工作压力，"退出"的现象也同样存在，浙江省检察院检察长陈云龙在接受记者采访时也曾说道，"近年来，浙江检察队伍出现明显的流失现象"。②

因此，在落实检察人员分类改革的过程中，必须强化遴选制度建设，只有科学、公正、合理的遴选制度得以建立，才会使未被遴选为检察官的检察人员感到公平、公正，从而定心于对专业技能的学习与强化，才会使优秀的检察人员被遴选为检察官，并愿意留在检察系统继续努力，从而减少检察官的流失，并进而使检察队伍专业化水平得以提高。庆幸的是，在人员分类改革的深化阶段，尤其是在2015年之后，中央层面陆续开展了一系列针对检察官遴选机制的工作，先后出台了《关于建立法官检察官逐级遴选制度的意见》《关于从律师和法学专家中公开选拔立法工作者、法官、检察官的意见》《关于加强和规范改革试点工作的意见》等相关文件。令人欣喜的是，出台的文件中来都强调了对遴选制度的建设。同时也应该看到，遴选委员会的成员组成、遴选委员会的地位属性、遴选委员会与人大及其常委会在任命过程中的彼此关系都并未明确。

（二）完善检察官助理改革的配套措施

受制于配套措施的缺失③，在改革推进阶段，检察人员分类管理改革并未

---

① 杨傲多：《着力解决人才流失和法官检察官待遇问题》，载《法制日报》2015年3月14日；徐蔚敏：《基层检察人才隐性流失现象应予重视》，载《江苏法制报》2010年12月13日第6版。

② 席锋宇：《浙江省检察院检察长陈云龙代表畅谈定岗定责完善检察人员分类管理》，载《法制日报》2014年3月11日第8版。

③ 在推进试点地区，虽然部分检察院提出了相应的酬薪、等级、考评等配套措施改革的设想，但是限于国家法律、体制和财政的因素，并未能有效的落实。参见高峰：《山东平邑：检察人员分类管理改革遇到七个问题》，载《检察日报》2006年1月11日第3版。

取得实质性的进展，改革甚至停滞不前。尽管从官方层面上来看，深化阶段的人员分类改革在中央层面得到了顶层设计的支持,① 但是也存有诸多问题：首先，在深化改革的过程中，部分地区检察官助理的酬薪、选任以及履职保障等配套措施并未跟上，因此，严重影响了检察官助理的工作积极性。其次，官方层面上并没有对此作出科学性解释。最后，新一轮人员分类改革过程中，各群体职业间的定位重叠。在基层检察院中，一些从预备检察官岗位招录的或是从事检察业务时间不长的助理检察官，往往会因独立办案经验不足而协助其他检察官审查分析办理、侦查案件、撰写相关文书等，检察官助理与助理检察员的工作内容有相当一部分是重合的。②

从这一层面出发得出启示是，首先，必须建立起检察官助理的长效补充机制，尤其是健全在边远贫困地区的补充机制，使检察官助理能够不断地补充到检察团队中去，使检察团队能够稳定、长效地存在；其次，必须完善检察官、检察官助理的职业晋升渠道与责任惩戒制度，使优秀的检察官、检察官助理能够发挥其专业技能，实现才尽其用，从而促使专业化建设，使考核与所从事的职务挂钩，从而促进检察官的精英化水平；最后，完善检察官、检察官助理的酬薪保障机制，不仅要使优秀的检察官、检察官助理干得好，也要使其留得住。只有这样，检察队伍的专业化、职业化、精英化建设才能成为可能。

(三) 拓宽基层人员的发声渠道

其实，与检察人员分类管理改革联系最为密切的、利益最为相关的恰恰就是检察人员本身，而实践中，部分检察人员却对此保持"沉默"，这种实践的回应模式是值得我们深思的。

从推进阶段和深化阶段整体来看，检察人员的分流管理改革一直遭受"夹生饭再炒"的质疑。但是与之联系联系最为密切的部分检察人员却保持了"沉默"。事实上，在改革深化阶段初期，由于文本层面规定得过于宏观，又缺乏具体的实施步骤，大部分检察院一直处于观望的态度,③ 正如有学者指出的那样，在面对包括人员分类改革在内的司法体制改革，年轻的司法人员并未

---

① 中央深化改革领导小组一共召开 33 次会议，通过涉及司法改革的顶层改革文件 38 个，其中与司法工作人员管理内容相关的文件多达到 19 个，与人员分类管理密切相关的达到 10 个，涵盖司法工作人员的招录、薪酬、责任制、惩戒、履职保障等方方面面。

② 曹寅、杨骁等：《论基层检察院人员分类管理改革困境与破解》，载《法制与社会》2015 年第 12 期。

③ 李华文、罗祖川：《完善检察人员分类管理的应对策略》，载《广西法制日报》2014 年 7 月 11 日第 6 版。

为之怦然心动，而是感到惶惑、甚至人心浮动。① 加上"在现行体制之下，司法人员深谙言多必失的道理，大部分人继续保持沉默，静观其变"。② 不能忽视的是，作为利益最为相关的检察人员，其"沉默"往往会使改革的效果与进程变得无法知悉，使改革的问题"隐匿化"，事实上，深化阶段的改革仍然存有诸多问题，比如，在员额制遴选的过程当中，经济发达地区优秀人才参加遴选的意愿较弱，在不发达地区表现却恰恰相反，存在着"逆向淘汰"现象。③ 在检察官助理和书记员职务序列及工资待遇上，目前尚未出台明确的相关政策。在人员分类的划分标准上不仅要依据职位的性质和特点，还要依据管理的需要。④ 但是，到目前也没有任何的官方文件对检察人员的划分种类和比例予以科学性的说明。

因此，在深化改革的后期，要警惕检察人员的"沉默"现象，并积极拓宽基层检察人员发声的渠道，使其在改革的过程中能发声、敢发声、多发声，使更多的改革经验、思考、想法得以呈现，并在改革的过程中赋予实践，从而实现检察队伍的专业化、职业化和精英化建设。

结　语

检察人员分类管理改革先后经历了启动、推进和深化三个阶段，本文通过对实践的回顾发现，检察人员分类管理改革虽然进入了深化阶段但仍有不足。检察人员分类管理改革是一个系统性、全局性的工程，涉及人事、组织、财政等方方面面，并非一朝一夕所能完成的。因此，在后期的改革当中，应该着力强化相关配套措施的改革。

（责编：李美郡　审校：张笈）

---

① 程金华：《检察人员对分类管理改革的立场——以问卷调查为基础》，载《法学研究》2015 年第 4 期。

② 季卫东等：《中国的司法改革》，法律出版社 2016 年版，第 132 页。

③ 乐巍、陈璐：《法官员额制改革背景下法官遴选制度的困境与出路——基于 C 中级法院法官遴选制度运行状况的实证分析》，载《法律适用》2016 年第 4 期。

④ 宋世明：《解析〈公务员法〉中分类制度之设计原理》，载《法商研究》2005 年第 4 期。

间接占有下的善意取得再解读

——以"铣床案"为例

郑佳敏*

摘　要：占有于动产物权变动具有至关重要的意义，特别是基于法律行为而转移动产之所有权情形。不管是德国还是中国，即便采取不同的物权变动的立法形式，动产所有权的转让都要求"交付"，学说上结合占有的制度又将交付区分为现实交付与交付之替代，亦称"拟制交付"。德国联邦最高法院的一起"铣床案"判决引发学界就间接占有在善意取得中所呈现的不同法律效果的思考，不仅仅要在现代善意取得制度的理论构造的"取得"要件上获得重新认识，也要从司法实践角度重视间接占有下的善意取得。

关键词：占有改定　指示交付　间接的并存占有　善意取得　支配力

一、问题的提出

《德国民法典》第930、931条规定了无须通过创设直接占有让与所有权的情形，而以占有改定与让与返还请求权方式为替代交付，使物权在当事人间发生变动。然而，当着眼《德国民法典》第933、934条，在从无权人处取得所有权的情况下，出于稳定交易秩序以及平衡当事人之间利益的考量，法律针对替代给付下动产物权的善意取得作了另一番安排，但此种安排所产生的不同

---

* 郑佳敏，华东政法大学法律学院硕士研究生。

法律效果，着实一度让学界费解。①

《德国民法典》第 933 条规定了非所有权人的让与人以占有改定方式将物交付给善意取得人时，善意取得人才能成为所有权人。与第 930 条对比可知，间接占有的取得虽然在让与人为合法所有权人情形足以使取得人取得所有权，但对自无权利人之善意取得而言，善意取得人原则上必须获得直接占有。笔者认为，若是以直接占有的获得为善意取得要件则便不再为真正意义上的"基于占有改定而善意取得"，因为占有改定的本质在于"出让人保有直接的占有，而使得取得人获得间接占有"。就此笔者认为《德国民法典》并不认可占有改定下的善意取得，之所以第 933 条如此规定一方面是明确此项意图，另一方面意在表达"虽善意取得不能，但仍可发生占有改定之效果，即为他人创设了间接占有"，此方面于下文"铣床案"中意义甚重。

《德国民法典》第 934 条规定了善意取得下因让与人是否为间接占有人而区别因让与返还请求权方式为交付的效果。当让与人为间接占有人时，即使是非权利人也可以通过让与返还请求权方式使取得人善意取得，法律效果同第 931 条之规定；若让与人即非直接占有人，亦非间接占有人的情况下，如海底的残骸或丧失占有尚未被找到的狗时，取得人必须获得直接占有才能构成善意取得。那么在第一种情况下，即出让人为间接占有人时会产生这样的问题——"间接占有是否或者如何因为意思变更尤其是不诚实的占有媒介人的意思变更而被结束"，德国民法学界就此又引出了关于是否承认"间接的并存占有"争议。②

上述不同条文的规定表明：一方面，直接占有物的非所有权人仅仅只是为一善意第三人创设间接占有时，该第三人是不可能善意取得物之所有权的；另一方面，若作出该处分行为的非所有权人为该物的间接占有人，则在将间接占有转让给取得人时，可依《德国民法典》第 934 条第一种情形成立善意取得。

---

① 参见《德国民法典》（第四版），陈卫佐译注，法律出版社 2015 年版。《德国物权法》第 930 条："所有人正在占有物的，交付可以以如下方式被替代：某一法律关系被在所有人和取得人之间约定，而根据该法律关系，取得人取得间接占有。"第 931 条："第三人正在占有物的，交付可以以所有人向取得人让与物的返还请求权的方式被代替。"第 933 条："被依第 930 条让与的物不属于让与人的，如该物被让与人交付给取得人，则取得人成为所有人，但取得人在此时非为善意的除外。"第 934 条："被依第 931 条让与的物不属于让与人的，如让与人系该物的间接占有人，则取得人在请求权被让与时成为所有人，在其他情形下，取得人在从第三人处取得对该物的占有时成为所有人，但取得人在请求权让与时或占有被取得时非为善意的除外。"

② 参见［德］迪特尔·梅迪库斯：《请求权基础》，陈卫佐、田士永等译，法律出版社 2012 年版，第 133—134 页。

如此不同的法律效果，着实让人为之惊讶。[①] 单单法条之辨似乎并未能直观的感受到此矛盾的冲突性，那么德国联邦最高法院 1968 年作出的"铣床案判决"就凸显了《德国民法典》第 933 条与第 934 条不同规则下所产生的问题：交易双方可以通过以让与返还请求权方式来规避占有改定下的善意取得不能，以达交易目的。

二、"铣床案"之分析及学说解释路径

德国著名的"铣床案"案情：出卖人 V 以所有权保留方式，交付给买受人 K 一台铣床机器。由于 K 尚需资金，遂与银行 B 达成协议，约定 B 为 K 提供一笔贷款，K 为担保该贷款债务便将铣床所有权让与 B。就铣床所有权让与担保一事，K 未对 V 透露过消息，B 也不知道 V－K 之间的所有权保留事项。之后，B 又将其在铣床上的权利以让与所有权返还方式让与另一家银行 D。现 V 与 D 就铣床所有权发生争议，因为 V 将铣床交付 K 时保留了其所有权，而 D 则基于善意取得主张自己对铣床所有权的取得。联邦最高法院最终判决银行 D 胜诉。笔者就此案和法院判决观点进行如下分析：

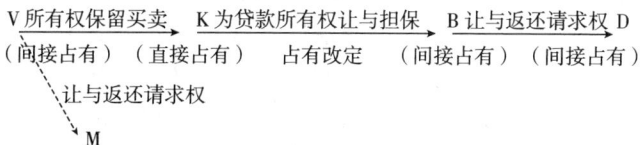

V 所有权保留买卖 ⟶ K 为贷款所有权让与担保 ⟶ B 让与返还请求权 D
（间接占有）　（直接占有）　占有改定　（间接占有）　（间接占有）

让与返还请求权
⟶ M

"铣床案"法律关系图

（一）"铣床案"法律关系梳理：

V－K：V 与 K 之间达成铣床的所有权保留买卖合同，在 K 付清价款之前，V 为所有权人。V 取得间接占有，K 为直接占有。

K－B：K 为贷款向 B 借款，并以所有权人自居对 B 为铣床的所有权让与担保，通过占有改定方式转让铣床所有权。因为《德国民法典》第 933 条先否定了占有改定下的善意取得，因此，即使 B 善意也不能成为铣床的所有权人，此时 V 仍然为所有权人。但是他们之间在占有改定下的占有媒介关系不

---

① 参见［德］托马斯·吕福纳：《间接占有与善意取得》，张双根译、王洪亮校，载张双根等主编：《中德私法研究》（第 2 卷），北京大学出版社 2006 年版，第 48—49 页。

因善意取得不能而受影响，即 B 获得了间接占有，K 仍为直接占有，笔者认为此项为第 933 条的用意之二。

当然也有学者主张 K 将其保有的期待权进行让与担保。K 作为期待权人，将其期待权让于 B，属于有权处分，此时 K－B 之间不发生善意取得法律关系，V 也仍然为所有权人，梅迪库斯于此提及，"只有支付剩余价款后，期待权被强化为完全性权利，担保权人才成为所有权人"，① 即当 K 对 V 付清价款时，K－B 之间才能成立真正的所有权让与担保，因为此时 K 已然成为所有权人，通过让与担保，B 获得所有权。

B－D：B 银行基于某种原因将铣床以返还请求权方式让与所有权给 D 银行，即将自己的间接占有依《德国民法典》第 870 条让与 D，② B 虽不是所有权人（V 仍保有所有权），但依据第 934 条则允许让与返还请求权下的善意取得，因此，善意的 D 取得铣床的所有权。值得注意的是，如上文所述《德国民法典》下的让与返还请求权的善意取得，分为两种情况：（1）B 取得间接占有时，则 B 于让与返还请求权时即可让 D 善意取得物之所有权；（2）B 若未取得间接占有，则仅当直接占有人 K 将实物交付于 D 时，D 才能善意取得物之所有权。本案例采前者。

从上述解析，我们发现：V 与 B 都曾是潜在的间接占有人，由此就产生出一项"间接的并存占有"之争。联邦法院在这起案件中判决 D 胜诉，即其所持的观点是：尽管 K 一直是所有权保留出卖人 V 的占有媒介人，但作为直接占有人 K 有能力使自己成为 B 的占有媒介人。即在直接占有人 K 不再具备占有媒介意思时，间接占有消灭，因此在本案中 V 不再是间接占有人，此后的间接占有人仅为 B。那么这意味着，联邦法院否认"间接的并存占有"。

（二）案件争议焦点与解释

案件争议焦点之一：在直接占有没有变化的情况下，是否因为直接占有人意思的转变而使上级占有人 V 丧失间接占有？

伯默尔对此倡导"同一性理论"，认为间接占有与返还请求权具有同一性，只要返还请求权存在，则直接占有人就不能单方终止占有媒介关系。在"铣床案"中，只要 V 的所有权保留仍然存在，V 对 K 就一直享有返还请求

---

① 参见［德］迪特尔·梅迪库斯：《请求权基础》，陈卫佐、田士永等译，法律出版社 2012 年版，第 133 页。

② 《德国民法典》（第四版），陈卫佐译注，法律出版社 2015 年版。第 870 条："通过向他人让与物的返还请求权，可以将间接占有转让给该他人。"

权，V 的间接占有也不能因 K 的行为而单方面消失。伯默尔又在其之后的论著中提及间接占有作为一种法律拟制，若仅以占有改定为基础则无须考虑直接占有人的占有媒介意思。只要没有第三人直接强行夺取动产，占有媒介人就不能单方废止此前的间接占有，因为占有媒介关系依然存在。然而也存在质疑此理论的声音，理由基于该理论不符合通说观点，通说认为占有媒介人必须有占有媒介意思，在占有媒介人放弃占有媒介意思的存续时，占有媒介人即可以单方地消灭间接占有。①

庄加园老师指出在占有改定中，出让人 K 主占有的意思体现为占有媒介意思，行使物的事实管领力，并承受受让人 B 的返还请求权，由此使得受让人 B 获得间接占有。但是出让人 K 的占有意思未必是为受让人 B 而占有，因此，占有意思的变更并不必然导致间接占有的丧失，更多地体现在占有媒介意思的建立以及返还请求权的产生。倘使间接占有的存续完全基于直接占有人的主观意愿，那么将使占有意思的发生与变动过于偶然，不利于保护交易安全。因此，解释占有媒介意思时，不仅需要考虑占有媒介人的主观意思，而且必须考察表现占有媒介意思的外部行为。仅有直接占有人一度表示，从今开始不再为间接占有人管理占有物，尚不能满足一个客观行为的要求。②

案件争议焦点之二：是否可以采纳"间接的并存占有"来解决规避占有改定下的善意取得不能问题？

从"铣床案"中可以看出 K-B 与 B-D 之间存在截然不同的法律效果。这样一来，在今后的交易中，人们尽可大量运用第 934 条第 1 种情形来规避第933 条严苛的规定，在没有外部有形的变动下，所有权人不知情也无法为之有效的阻却，对所有权人而言极为不利。就此，"间接的并存占有"的学说应运而生。

"间接的并存占有"认为同一个直接占有人可同时成为两个彼此间牵连的不同主体的占有媒介人。由于这两个并存占有中的一个间接占有与另一个间接占有处于并存竞争的关系，因此，其中一个间接占有的转让并不足以导致《德国民法典》第 934 条第一种情形所规定的善意取得效果的发生。具体运用于"铣床案"中，即 K 同时为 V 和 B 的占有媒介人，V 和 B 成立间接占有，B 对 D 所让与的返还请求权不能发生善意取得的效果。当然，学界也不乏对

① 参见［德］雅各布·福图纳特·施塔格尔：《动产善意取得作为"即时取得"——〈德国民法典〉第 932 条以下的一项新规定》，王立栋译，载张双根等主编：《中德私法研究》（第 10 卷），北京大学出版社 2014 年版，第 157 页。

② 参见庄加园：《间接占有与占有改定下的所有权变动——兼评〈中华人民共和国物权法〉第27 条》，载《中外法学》2013 年第 2 期。

"并存占有"理论的抨击，认为"并存占有"排斥了第 934 条第一种情形中转让所有权的功能，即进一步承认了并存占有并非真正意义上的"占有"，此表明该理论只是纯粹"目的预设"的概念，只是主张者借此来论证"铣床案"所希望达到的结论。①

要使"间接的并存占有"获得意义，笔者认为应将关系置于同等地位进行考量，即间接占有人同时对外以让与请求权方式移转所有权时，何者更有说服力？因为需要对案例进行重新的构想：前提不变，增加一个环节即所有权人 V 通过返还请求权的让与对 M 为所有权让与（如上法律关系图），此时如果承认"间接的并存占有"即 K 转化了占有媒介意思仍不使 V 的间接占有消灭，V 有权以让与返还请求权方式将所有权让与 M，使 M 成为所有权人。那么在承认"间接的并存占有"情况下，V 可以通过让与返还请求权的方式将其所有权合法让与 M，B 也可以通过让与返还请求权的方式使 D 善意取得。在存在两个"所有权人"的情况时，依据价值评判，V－M 的交易更值得受保护，毕竟 M 是从权利人处合法有效受让权利。那么此时"间接的并存占有"理论就并非只是形式之争。②

笔者通过有限的资料对"铣床案"引发的学理探讨的阐述稍显不尽全面，不妨暂且搁置如何处理《德国民法典》第 933 条与第 934 条存在的规避问题，结合"铣床案"我们从两者相异的条款引出另外一个问题：从外观上，我们发现当标的物并未出现外部有形的变动，《德国民法典》上能基于让与返还请求权之规定构成善意取得，而占有改定却不能。罗士安于其论著中提到，《德国民法典》第 934 条所包含的同时也为《德国民法典》第二起草委员会所重视的一项原则是：取得人须通过让与人而获得对物的"法律上的支配"，只要取得人获得了这一支配，那么取得人就应有理由信赖让与人为所有权人，取得人自己也就因此而取得所有权。③ 笔者认为，由此体现出在动产善意取得中，从拟制交付角度似可对善意取得进行重新解读。

① 参见［德］托马斯·吕福纳：《间接占有与善意取得》，张双根译、王洪亮校，载张双根等主编：《中德私法研究》（第 2 卷），北京大学出版社 2006 年版，第 52—53 页。
② 参见［德］鲍尔/施蒂尔纳：《德国物权法》（上册），张双根译，法律出版社 2004 年版，第 132—133 页。
③ 参见罗士安：《善意取得、间接占有与〈德国民法典〉的设计者——〈德国民法典〉第 933 条与 934 条间价值冲突的缘起》，张双根译、朱庆育校，载张双根等主编：《中德私法研究》（第 2 卷），北京大学出版社 2006 年版，第 79—80 页。

三、动产善意取得再解读

我们知道,不管是支持物权行为的德国物权理论还是主张债权形式主义的中国物权变动模式,学界都普遍认可不动产的登记与动产的交付为物权公示公信原则的体现。于动产变动中,交付又分为现实交付与拟制交付,现实交付下的物权变动较为显著,是通过直接占有移转来完成,使买受人可以实际地获得对物之支配。问题于拟制交付中就显得较为麻烦,特别在占有改定和返还请求权让与下的交付模式。上文的"铣床案"就揭示了这样一个现象:标的物一直处于直接占有人的手中,却仅凭占有人与第三人的不为他人所知的意思合意就能达成所有权的变动。细思恐极,这样隐秘且鬼祟的物权变动对不知情的原所有权人而言实在难谓公平。因此,笔者就此问题提出以下两项思考:

(一) 占有之公示公信作用的缺失

于通常情况下,人们都认可通过事实上持有的占有状态推导出所有权的存在。故而,在不涉及善意取得的交易中,占有之公示作用主要体现于占有之推定,即占有人仅需证明其具有占有之事实即受权利的推定,至于占有取得原因或本权的存在,不负举证之责。法律就是以生活经验为其规范基础,并对其变化予以类型化,[1] 因为对动产的占有通常具有公示的功能。然而,随着经济的不断发展,占有与本权的不一致逐渐成为新常态,特别是当占有辅助人、占有媒介人的加入以及交易形式发生变化时,我们不得不开始质疑占有的权利外观效力。[2]

首先,观念交付下,直接占有人往往不是真正的所有权人,但他却拥有一定的占有优势,即在一定情况下能够像所有权人般事实上使用占有物,[3] 相对人可以单纯善良地认可直接占有人即为权利人。此时,占有所能彰显的公示力不能够保护间接占有人,即真正的所有权人;其次,在所有权保留买卖中,占有的公示作用也得到相应减弱。买受人虽然能够取得对标的物的占有与使用,但是这并不导致所有权的变动,因而,此时交付并非动产物权变动的必备要

---

① 参见〔德〕鲍尔/施蒂尔纳:《德国物权法》(上册),张双根译,法律出版社 2004 年版,第 61 页。

② 参见肖厚国:《物权变动研究》,法律出版社 2002 年版,第 369 页。

③ 参见〔德〕弗里德里希·卡尔·冯·萨维尼:《萨维尼论占有是什么》,常鹏翱、隗斌译,载张双根等主编:《中德私法研究》(第 1 卷),北京大学出版社 2006 年版,第 233 页。

素，从侧面可以看出占有于所有权保留买卖中对物权变动并不具备太大意义，真正起作用的是所附条件是否成就。或者可以这么说，仅当条件成就时，才能发生简易交付下所有权移转的法律效果。最后，动产的占有不同于不动产的登记，不动产的公示方式是由国家公权力背书的登记系统，因为登记簿上的所有权归属即是法律上意义的所有权归属，即使实际的不动产不归权利人占有，权利人仍可依不动产登记簿而主张所有权。相对而言，基于动产流动性较大，一般动产的占有就没有一个强大的行政制度为之支撑，而占有与所有权又经常处于"分离"状态，因为占有之公示力欠缺实证法意义。

与公示原则紧密联系的就是公信原则，动产的善意取得也往往基于占有推定的公信作用。有学者主张，占有推定力是公信力的基础和前提，公信力是推定力的具体运用形式。这种观点在我国台湾地区亦受赞同："占有的权利既受推定，产生公信力，使善意信赖占有而为交易者，得受保护，有益交易安全。"① 德国的占有推定规定于《德国民法典》第 1006 条，② 但是德国学者认为第 1006 条所表达的不外乎是，因为善意取得的规定证明了受让人的取得具有正当性，这些规定通过受让人相应的举证责任和证明责任，使其在程序法上获得保障，因此，不能说由第 1006 条推出善意取得。进一步地表明了动产的占有推定仅仅是为在程序法上保障实体法上业已建立起的善意取得制度，不能本末倒置认为占有推定是为了建立善意取得制度。③ 需要明确的是占有的推定仍受到一定的限制，如适用情况仅限于自主占有且占有脱手物就不能适用占有之推定。④ 除此之外，于占有改定的情况下，即使无权处分人占有标的物，也不能基于公信力而使买受人善意取得。

综上所述，交付作为动产物权的表征与观念交付会存在事实上的不一致，很难如不动产登记簿那样完整清晰地反映不动产上所有的物权状况。占有于公示公信上都存在难以克服的障碍，特别当涉及善意取得时尤为显著，占有的权利外观理论远远不能强大到"独立"引起善意受让人当然取得权利的程度，其本质问题是真正权利人与善意受让人之间的利益冲突问题，因此，无论是基

---

① 参加谢在全：《民法物权论》（下册），中国政法大学出版社 2011 年版，第 1174 页。

② 《德国民法典》第 1006 条："(1) 为动产占有人的利益，推定其为物的所有人。但物从前占有人处被盗、遗失或以其他方式丧失的，前句的规定对前占有人不予适用，但物系金钱或无记名证券除外。(2) ……" 参见《德国民法典》（第四版），陈卫佐译注，法律出版社 2015 年版。

③ 参见［德］雅各布·福图纳特·施塔格尔：《动产善意取得作为"即时取得"——〈德国民法典〉第 932 条以下的一项新规定》，王立栋译，载张双根等主编：《中德私法研究》（第 10 卷），北京大学出版社 2014 年版，第 157 页。

④ 参见庄加园、李昊：《论动产占有的权利推定效力——以〈德国民法典〉第 1006 条为借鉴》，载《清华法学》2011 年第 3 期。

于法政策的考虑还是运用现有法律规则进行逻辑推理所产生的结果，都应该对观念交付下的善意取得的不同效力作出更为恰当的解释。①

（二）善意取得的重心——以"善意"抑或是"取得"为要素？

传统的理论认为善意取得制度保护的是交易安全，即保护善意的第三人的交易利益，该理论以占有公信力为出发点，认为善意第三人单纯善良的相信物之直接占有人为所有权人时，其善意应得以保护，进而认可其成为新的所有权人。然而，国内已有学者通过"铣床案"的启示对善意取得制度中占有权利外观学说进行深刻批判，并认为依据我国《物权法》第 106 条的立法精神，"受领交付"是善意取得的必备条件，进而主张"善意取得等于善意加交付公示力"。② 也有激进观点批判既有学说，认为占有表明所有及交付表征物权变动的高度盖然性已不复存在，那么无论是占有抑或是交付的公信力都不再是善意取得的法理基础，占有无法真正公示物权，权利外观理论不足采信。③ 因此，学界对善意取得的"取得"要素更为看重，也渐渐成为学者研究的方向。

1. 动产善意取得之"占有 + 其他情况"

鉴于占有的缺陷，有些学者提出通过提出外观的要求加以弥补。该学说代表人胡布纳尔认为，由于占有经常不与所有权相联系，不能完全符合权利外观的要求，受让人只有根据受让情况的整体印象才能推断所有人。整体印象包括不同因素，如出让人与受让人的熟悉程度、出让物以往情况的可信程度、买卖价格的高低等。另一位代表人物吉尔主张，只有存在额外的表征时，才能将直接占有与权利外观相联系，据此才能使人推知出让人的权利。④ 为此，客观的权利外观要件必须满足更多的要求，使之成为"外部作用的构成要件"，如"在涉及机动车时，在出让人不能通过出示机动车执照而证明自己为有权人的情况下，取得人几乎肯定是缺乏善意的"。⑤

兹有一例可说明此理论的合理性，假设甲乙于 t1 时刻就机动车让与达成让与合意和占有改定约定，经过登记仍由甲占有该机动车；但是甲又于 t2 时

---

① 参见尹田：《论动产善意取得的理论基础及相关问题》，载梁慧星主编：《民商法论丛》（第 29 卷），法律出版社 2004 年版，第 102—103 页。

② 参见汪志刚：《动产善意取得的法理基础》，载《法学研究》2009 年第 3 期。

③ 参见纪海龙：《结构动产的公示、公信原则》，载《中外法学》2014 年第 3 期。

④ 参见庄加园：《动产善意取得的理论在审视——基于权利外观学说的建构尝试》，载《中外法学》2016 年第 5 期。

⑤ 参见［德］迪特尔·梅迪库斯：《请求权基础》，陈卫佐、田士永等译，法律出版社 2012 年版，第 130 页。

刻将该机动车让与并移转占有给丙。那么试问丙能否善意取得？若未登记的情况下，丙又是否能善意取得？在我国，机动车属于特殊动产，其所有权变动模式仍采交付生效主义，登记为其对抗要件，因此，在 t1 – t2 时刻机动车的所有权归属于乙。那么对于丙而言，其是否能主张因为甲占有该机动车而构成其善意的信赖呢？结论是否定的，因为动产的善意取得除了要考虑占有之外，仍要对现实的情况进行具体考量，特别是存在登记情况下，甚至包括机动车相关证件以及交易环境等因素。同理，不少实证表明，于跳蚤市场淘来的低价古董，买受人于一般情形既不能主张意思表示的瑕疵也不能主张善意取得。不仅如此，最高人民法院《关于适用〈中华人民共和国物权法〉若干问题的解释（一）》（以下简称《物权法司法解释（一）》）第 15 条与第 21 条也对动产善意取得问题进一步地明确，① 认为当受让人存在重大过失时，如交易的对象、场所或者时机等不符合交易习惯的仍受让的，不能构成善意取得。

然而，此种学说也存在其天然的弊端。首先，虽然我国于《物权法司法解释（一）》进一步明确了影响善意取得的若干因素，但是由于仍然存在高度模糊性也难以满足现实交易安全的需要。其次，该说所列举的一系列标准，并非旨在扩大客观的外观要件，其核心主要还是用于评价受让人善意的程度，学说重心仍聚焦于"善意"层面。最后，以上论断仅以直接占有作为讨论依据，却忽视间接占有的情形。由于通说认为间接占有不具备公示作用，那么当出让人仅享有间接占有时，权利外观要件的扩展该如何把握也成为一个难题。

总之，"扩展权利外观要件"的构想容易导致裁量权的滥用，而且带来法的不安定性。因此，这一学说除为完善善意取得提供一些公认的标准之外，并未对权利外观的构成要件予以实质地明晰化。

2. 德国新近理论之"占有支配力"

既然占有公信力难以完全支撑起善意取得制度，德国新近理论认为在善意取得中，"善意"不再为主要考量因素，而是将焦点置于"取得"处，即出让人是否有能力支配转让物，受让人是否可以因此获得对标的物的支配力。只有当受让人切实地取得对标的物支配可能性时，他的信赖基础才能成立。这样就可以很好地解释为什么《德国民法典》于第 933 条否定了占有改定的善意取得，却认可了第 934 条第 1 种情况的善意取得，也克服了"扩展权利外观要

① 最高人民法院《关于适用〈中华人民共和国物权法〉若干问题的解释（一）》第 15 条："受让人受让不动产或动产时，不知道转让人无处分权，且无重大过失的，应当认定受让人为善意。"第 17 条："受让人受让动产时，交易的对象、场所或者时机等不符合交易习惯的，应该认定受让人具有重大过失。"

件"中对缺乏公示效力的间接占有下如何善意取得的问题。

在拟制交付中,出让人通常还保留着转让物的直接占有。由于间接占有只在法学上存有概念性的事实支配力,难以提供如直接占有的具体信赖。那么为什么在占有改定下,德国学者并不认为存在事实支配力让与的可能性呢?通过占有改定,出让人与受让人之间仅仅存在一项不为人知的合意,单纯的一项交易似可认为受让人善意取得,因为仅就原所有权人与善意受让人间的利益存在矛盾,这也是善意取得制度存在的意义。问题出在,因为第一受让人并未能够通过占有改定获得对物的支配力,若出让人故伎重施再行以占有改定方式出让给第二、第三、第四受让人时,那么,此时利益的矛盾就变得多重。前位受让人的新所有权人身份都会因为后位受让人的善意取得而被否定。此时运用善意取得反而不利于权利归属的稳定和交易安全,与其善意取得制度理念相悖。

反之,于"指示交付"情况下,在出让人仅为间接占有人时,出让人必须将对第三人的返还请求权让与受让人,才能发生所有权移转。即便出让人想再为二次买卖,因为没有可让与的返还请求权,故之后的买受人并不能通过"指示交付"善意取得。同时,第一受让人可基于获得的返还请求权对直接占有人享有权利回复的期待,当然他也可以将获得的返还请求权再行让与给他的交易对象。根本原因在于,第一受让人基于返还请求权对物形成可支配性。从另外一个角度来说,当直接占有人放弃占有时或认可受让人的间接占有资格时,受让人即可基于拥有返还请求权获得对出让人为权利人之信赖,构成善意基础。德国学者对此主张评断应以"事实上的占有丧失之叠加"为标准,即只有在所有权主张人彻底丧失占有时,特别是前手直接占有人彻底丧失对动产的占有,原所有权人就没有通过法律手段取回动产的可能性,新主人就可以基于善意取得成为所有权人。[①] 这样不仅可以避免陷入占有"同一性"理论僵化以及"间接的并存占有"表述上的不尽如人意,而且可以从间接占有角度弥补占有公示公信力的不足。

这样来看,联邦最高法院在"铣床案"中所作出的判决,也是一项正确的判决。申言之,在《德国民法典》第 934 条第一种情形中,间接占有的转让能使取得人基于返还请求权获得对物的法律上的支配,因此,能满足善意取得要件。反之,在让与人并未放弃对物的所有的占有法上的关系时,仅仅间接占有的创设尚不足以发生善意取得的效果,即第 933 条之规定。其决定性标准

---

① 参见〔德〕雅各布·福图纳特·施塔格尔:《动产善意取得作为"即时取得"——〈德国民法典〉第 932 条以下的一项新规定》,王立栋译,载张双根等主编:《中德私法研究》(第 10 卷),北京大学出版社 2014 年版,第 179 页。

在于，在让与人曾为占有人时，让与人须完全或彻底地放弃其占有，使受让人获得支配力。[①]

3. "占有支配力"的应用证成

鉴于《物权法司法解释（一）》第15、16条等规定，实务工作者在解读该条款时仍然把焦点置于将"善意"客观化，似乎有人云亦云之嫌。事实上，从法律文本出发，《物权法》第106条表示在无权处分时，除了善意、合理价格之外，还要求登记或者交付的要件。笔者认为，可以通过"占有支配力"进一步地解释动产善意取得的"取得"要件。

一方面，从学理角度出发，交付于物权领域和债权领域的差异一直是学术理论和司法实践中的一个难题。物权领域的交付概念在于通过现实移转占有和替代方式作为物权公示的一项实质要求，相反债法领域的交付更多是为了实现债务清偿的效果以及服务于风险转移的商业目的。但殊途同归，交付理论的核心仍在于受让人获得标的物的"占有支配力"。在有权处分时，占有公示公信力的缺失可以通过处分权人的正当性行为进行弥补，因此，拟制交付可以替代现实的占有转移，使受让人取得对受让物充分的支配力；相反，在无权处分时，拟制交付于我国法语境下也同样产生德国法下的对"占有改定"和"指示交付"的区别对待。理由如上文所述，当同时存在处分行为欠缺正当性时，"指示交付"赋予受让人一项排他的请求权，能够满足受让人对标的物的控制支配需求，而"占有改定"仅仅只是创设一层间接占有的关系，更有甚者是通过"占有重叠"引发交易风险。[②] 因此，全国人大常委会法制工作委员会编写的《中华人民共和国物权法释义》认为《物权法》第106条所言的"交付"应该作广义理解，[③] 包括了占有改定在内的观念交付是不合理的，既没有将该条文与该法第23、25—27条进行体系化的理解，也忽视了善意取得的制度价值。在债法关系中，虽然当事人双方着重在于权利义务的对等履行，但只有实现对标的物的支配可能才能同等换取义务的履行。风险负担规则也同理，当出卖人失去了对标的物的支配时，标的物的毁损灭失的风险也随同支配力转移至买受人。需要说明的是，该支配力并非局限于现实支配，应作出更为抽象的理解，如同我们在理解占有的空间和时间效力一样。

---

① 参见罗士安：《善意取得、间接占有与〈德国民法典〉的设计者——〈德国民法典〉第933条与934条间价值冲突的缘起》，张双根译、朱庆育校，载张双根等主编：《中德私法研究》（第2卷），北京大学出版社2006年版，第81页。

② 参见税兵：《占有改定人为何不能善意取得》，载梁慧星主编：《民商法论丛》（第44卷），法律出版社2009年版，第336—337页。

③ 胡康生主编：《中华人民共和国物权法释义》，法律出版社2007年版，第77页。

另一方面，我国司法判例在认定"指示交付"下的善意取得时也体现了"指示交付"应当满足处分人与受让人之间进行了"占有支配力"传递的表现方式。在"中农集团控股股份有限公司与中丝辽宁化工物流有限公司、辽宁丰禾农业生产资料连锁有限公司所有权确认纠纷案"中，该案法官提出："动产的交付可以通过转让返还原物请求权即指示交付的方式进行，本案中丰禾公司不但转让了请求权，且已经通知了第三方，完成了指示交付下的通知行为，且第三方虽然并非法定的登记机关，但是作为集中仓储的港务集团，其登记记载具有一定的公示效力，虽然动产的所有权并不以登记为变动生效要件，但是对外公示是物权排他性的必然要求，动产以占有为对世人所显示的权利外观，使世人有理由相信其拥有所有权，那么在不具备直接占有条件的情形下，具备一定公示效力的间接占有则更符合物权的公示公信原则，更有利于维护市场主体的商事信赖利益。"同时，"天津康杰进出口贸易有限公司、中色物流（天津）有限公司、中色国际贸易有限公司与中国地质矿业总公司、天津唐和物流有限公司消除妨碍返还海关放行单纠纷案"的裁判文书提到："本院认为，指示交付作为一种观念上的交付，仅发生让与返还请求权和间接占有的转移，缺少直接占有的变动，导致物权的变动缺乏公示性，从保护交易安全和善意第三人利益出发，结合《担保法解释》第八十八条'出质人以间接占有的财产出质的，质押合同自书面通知送达占有人时视为移交'规定之精神，应当将通知直接占有人作为认定完成交付的条件。"① 事实上，学界不免对"指示交付"项下"占有支配力"转移的学说有所质疑，认为其太过抽象化。但是从我国物权法起草的历史来说是对"返回请求权让与的通知"也是有迹可循的，② 实务中也吸取相关立法经验从实践上做出相应的对策来解决这样的疑虑："指示交付"的本质乃是债权让与，那么即可借鉴债权让与通知的做法来实现"占有支配力"移转，具象化的呈现权利流转状态的机能。特别是在商事交易多元发展的未来，通知的方式可以更为灵活，如采取登记方式、借助书面合同"证权"的效力等，不仅可以回应如何更好地弥补传统意义上占有公示公信力的缺失，还能进一步完善间接占有下的动产善意取得制度。③

① 参见〔2016〕最高法民申 1514 号、〔2015〕津高民四终字第 77 号。
② 杨代雄：《拟制交付在物权变动中的公示效力》，载《重庆学院学报》2008 年第 6 期。
③ 沃耘、金星：《观念交付条件下的善意取得》，载《比较法研究》2006 年第 3 期。

结　语

历经百年锤炼的《德国民法典》集结了德国法学先贤的智慧，当代民法学说的发展以及法教义学的成长无不以德国民法为理论基础。《德国民法典》第933条与第934条看似存在矛盾的法律效果，通过"铣床案"的梳理可以看出德国学界对此问题也存在颇大的争议。但当我们换一个视角来考虑该问题时，即从善意取得角度来思考德国民法起草者当初的立法真意时，就会发现看似矛盾的法条对近现代民法理论的发展，特别是对"动产善意的取得"竟然有着如此深厚的含义。

（责编：牛力冲　审校：孙树光）

村规民约备案审查机制重述

——基于诸暨市的实证考察[*]

孟钢杰[**]

摘　要：村规民约作为村民进行自我管理、自我约束、自我教育的行为规范，是村民自治的具体体现。村规民约经由村民集体讨论商定，直接反映了村民的需求，体现了村民的意志，保护了村民的切身利益。村民通过自己参与村规民约的制定，有效减少了村民间利益冲突，是著名地方治理经验"枫桥经验"矛盾解决在基层的体现。但制定的村规民约实际上问题频出，村规民约的审查和备案机制方面的研究一直少有人问津。本文意在探讨村规民约的审查与备案制度，并以诸暨大唐镇路西新村的模式为例进行说明。

关键词：村规民约　审查机制　备案机制　实证考察

引　言

村规民约在近几年已然成为社会科学研究领域的前沿阵地，在 CNKI 中国知网中以"村规民约"为关键词检索可以得到 1644 条结果。然而关于村规民约审查制度和备案制度方面的文献却仅有李炳凤《村规民约合法性审查》，许晓琼、张居盛合著《论村规民约的监督》等屈指可数的几篇。并且前述文献的主要贡献在于，阐述了村规民约的宪政功能及法理上国家法与民间法的关系，提出了对于村规民约监督的一些倡议性分析，在具体的监督办法以及监督的实际操作方面没有给出建设性的建议。且在村规民约备案审查机制方面都是

---

　* 此文获得第十三届中国法学青年论坛主题征文二等奖。

** 孟钢杰，杭州师范大学沈钧儒法学院本科在读。

浅尝辄止，没有很好地解决备案审查机制程序和内容方面的问题。笔者认为有必要对此进行深入探讨，希望能够阐明村规民约备案审查机制的重要性并就备案审查机制的程序和内容提出一些制度设计。本文所采用的研究方法主要是实证分析法。通过对诸暨市路西新村和其他各村落的实地考察，笔者认为路西新村的创新模式值得借鉴并推广开来。

一、村规民约概述

（一）村规民约的定义

封建王朝时期，村规民约扮演着皇权巩固和集权统治的角色。随着时代变迁，村规民约的性质发生了天翻地覆的变化。有学者认为，村规民约是立足于法律与实际情况之上的关于村民日常生活的行为规范。① 笔者给出的村规民约现代定义是，村民群众根据国家法律法规和党的方针政策，结合本村实际情况制订的涵盖村民权利义务、村级制度规范、民主自治程序、村集体财务、土地分配、计生管理、邻里关系、文明创建、村风民俗、公共事业管理、家庭美德、治安管理等多方面的综合性规定，是村民进行自我管理、自我制约、自我保护的规章制度。

（二）村规民约的法律性质和功能分析

村规民约作为村民集体合意的结果，是具有契约性质的公约，契约背后隐藏的是法律。然而不可否认的是村规民约不具有法律的强制性，并且很大部分属于道德性规范。有学者认为它与国家法律在不同的领域里依据各自的规则调整着农村社会秩序，构成了"国家法与村规民约二元法律体系"在农村共存的局面。② 从历史功能来看，村规民约从教化民众的角色逐渐转变为村民自治的角色，道德性规范大量地被规则性规范替代，道德宣讲转化成了村民权利义务，这就使得村规民约在道德和法律之间朝法律更靠近了一步。综上所述，村规民约应当属于一种介于法律和道德之间的"准法律规范"，并且法律属性要明显强于道德属性。

村规民约的功能主要有三点：（1）作为中华优秀传统文化继承的载体，使

---

① 王禹：《村民选举法律问题研究》，北京大学出版社 2002 年版，第 55—58 页。
② 姜裕富：《村规民约的效力：道德压制，抑或法律威慑》，载《青岛农业大学学报（社会科学版）》2010 年第 1 期。

得自古以来形成的社会风俗和传统文化得以保存；（2）村民通过自己参与制定村规民约，直接参与了村务管理、决策和监督，解决村民利益冲突，实现利益的合理分配，起到定分止争的作用，实现真正意义上的村民自治；（3）法律总是要依靠国家强制力来达到惩罚、矫正和预防的目的，通过制裁的手段告诉人们什么可以做，什么不可以做。但是一些不利于生产经营和日常生活需求的行为，如随地吐痰、乱倒垃圾，还未能达到引起法律关注的程度，需要村规民约加以规范。村规民约可填补法律空白，衔接法律宗旨，与法律共同组成涵盖社会各方面行为规范的一体化两阶层的"一元二阶"规则体系。

二、村规民约的备案审查机制

（一）村规民约备案审查机制的必要性

首先，从法律层面看，《宪法》第 111 条明确规定了基层群众自治制度。村规民约作为村民自治的重要组成部分，直接关系到基层群众的切身利益，因此，必须要确立一套村规民约的监督机制——备案审查机制。其次，村民委员会组织法更是明确规定"村民会议可以制定和修改村民自治章程、村规民约，并报乡、民族乡、镇的人民政府备案"。值得一提的是，村民委员会组织法仅仅提到了村规民约的备案。但是，如果只备不审，会导致村规民约监督机制的实际作用和价值大打折扣甚至完全丧失。

2012 年，浙江省委常委修订实施《浙江省实施〈中华人民共和国村民委员会组织法〉办法》。2015 年，浙江省综治委、组织部、民政厅、司法厅四部门联合下发的《关于全面开展制订修订村规民约、社区工作活动的通知》（浙综委〔2015〕1 号）对村规民约的规范性和合法性提出要求。村规民约合法有效的前提必须是不违背宪法和法律，否则注定沦为一纸空文。因此，村规民约的制定以及修改需要一套备案审查机制进行监督。

从现实情况看，由于村规民约备案审查机制并不完善抑或被束之高阁形同虚设，造成制定的村规民约漏洞百出，补苴罅漏。典型的例子有，许多地区村规民约内容完全一致照搬照抄，甚至出现村规民约根本不由村民会议制定，而是由乡镇人民政府代为制定的情况。笔者在对诸暨市的调研过程中发现，应店街镇 27 个行政村的村规民约内容为重复的官样文章。[①] 另外，村规民约的制定过程并没有严格按照村民委员会组织法的要求制定，而是由乡镇政府将

---

① 参见浙江省万村联网网站：载 http://www.zjwclw.cn，2018/7/2414：22。

"村规民约范本"下发各行政村，简单地备案。村规民约不是政府的管理规定，而是村民自治的具体体现。① 这种做法不仅不符合村民委员会组织法的要求，更重要的是村民没有参与到村规民约的制定过程中来，违背了保护群众切身利益，了解群众基本需求，实现村民自治的目的。在全国范围内，男女不平等对待、歧视出嫁女性和入赘男性的村规民约仍然屡见不鲜，这类村规民约往往规定女性不能单独分立户籍，户籍还在本村的出嫁女和已经迁入本村的入赘女婿不得参与田地、宅基地和集体福利的分配。② 2014 年全国仅县以上妇联受理的农村妇女土地权益信访事项就达到了 7292 件次，其中反映不能平等享受征地补偿和集体收益分配的占到一半。③ 另外，在村规民约中设置罚款也显得司空见惯，处罚性规定和赔偿性规定完全是不同的概念，前者属行政法范畴，后者则属于民法范畴。笔者在诸暨市已经制定公布的村规民约中发现，李村一村村规民约中写道"违反本村村规民约的，除触犯法律由有关部门依法处理外，村民委员会可视情况给予经济处罚"。王家宅村村规民约中写道"在河道中乱扔垃圾，经劝告屡次不改正的可以处罚十元到一百元的罚款"。施坞闹桥村村委公布于村委办公楼制度公示栏中的村规民约写道"如故意损坏公共财物的（包括酒后闹事）除照价赔偿外，要收取该财物折价 2—5 倍的管理、服务等费用"，这里所谓的"管理、服务费"本质还是罚款。罚款是剥夺财产权的行为，只能由法律法规规章设定，村规民约中罚款性规定明显违反行政处罚法的规定。虽然村规民约不能设置处罚性条款，但是可以在不违法的前提下设置责任条款，比如，对损坏集体财物的行为要求其赔偿，拒不赔偿的全村通报批评或者上报公安机关处理。对于上述种种问题的解决，建立完善并贯彻落实村规民约备案审查机制无疑具有必要性。

（二）村规民约的备案机制

备案，在现代汉语中的意思为"向主管机关报告事由，存案以备查考"，从文义解释的角度可以看出，前半句针对主管机关，备案起报告告知作用，后半句针对受管理之群众，存留书面文本以供众人检索查阅，易言之就是公示作用。立法法和《法规规章备案条例》已经确定了立法备案制度，足以彰显备案制度之重要性。我国村民委员会组织法确立了以乡镇人民政府为备案主体的

---

① 全国妇联妇女研究所课题组编著：《村规民约与男女平等》，中国妇女出版社 2014 年版，第 5 页。

② 李慧英主编：《修订村规民约，推进性别平等——社会管理新格局的探索与实践》，中国水利水电出版社 2011 年版，第 21—25 页。

③ 奚冬琪：《别让乡规民约成为侵犯农村妇女权益的"工具"》，载《人民政协报》2015 年 3 月 9 日第 18 版。

村规民约备案制度。① 学术界对于备案制度的观点仁者见仁，智者见智，谢靖、谢海宁合著《备案制度属性与分类刍议》一文认为备案的构成要件包括了"审查与处理"，同时又将备案种类分为仅供备查的备案和审查处理的备案，② 笔者认为其中不无矛盾之处。所谓构成要件者，自然缺之不可成形也，"审查与处理"既是备案的构成要件，则已经默许备案为审查处理的备案，又何来仅供备查的备案一说？因此，在笔者看来，《备案制度属性与分类刍议》一文对备案的观点存在不严谨的地方，应当审视"审查"与"备案"的区别。事实上，笔者反对的正是将"审查与处理"这一概念强加于备案制度的观点，正是这种将审查与备案混同的思路导致实践中多出现备案机关以备案之名，行行政审批之实的情况。备案制度不应被过多赋予行政功能，应把握住备案制度的界限，避免使之成为备案机关滥用权力的工具。《村民委员会组织法》第 27 条规定："村民会议可以制定和修改村民自治章程、村规民约，并报乡、民族乡、镇的人民政府备案。"该条是村规民约备案制度的法律依据。问题在于，对于诸如备案时限等更细节性的程序并没有具体的规定，法律上的"留白"虽然使得各地在村规民约的备案程序和方法上不乏创新之举，提高了村规民约的备案效率和制定质量，但另一方面，备案规范不统一难以避免地造成部分地区备案工作效率低质量差的问题。另外，综观我国法律并未对备案给出明确的定义，这也使得学界对备案的法律性质众说纷纭，应松年采事实行为说③，马太建采告知性行为说④，杨解君采立法程序说⑤，崔卓兰采备案登记说⑥，以上学说都从不同的角度界定备案的法律性质，均有其合理性。但若以一说来定义备案，难免有以偏概全之嫌。备案既可以是内部行为，也可以是外部行为。因为诸如干部任免的备案以及法律法规的备案无疑是内部行为，而村规民约的备案更应该被认定为外部行为，从而使其具有可诉性，最高人民法院亦采此态度。⑦ 乡镇人民政府依村民委员会组织法的规定为备案行为，村规民约也因备案而完成产生过程，始成村民自治之民间法，因此，备案应被视为村规民约的生效要件。易言之，村规民约经备案后，在不违背国家强制性规范的前提下，

① 《村民委员会组织法》第 27 条规定，村民会议可以制定和修改村民自治章程、村规民约，并报乡、民族乡、镇的人民政府备案。

② 谢靖、谢海宁：《备案制度属性与分类刍议》，载《青海社会科学》2009 年第 2 期。

③ 应松年：《行政法学新论》，中国方正出版社 1999 年版，第 117 页。

④ 马太建：《如何把握行政行为的界限》，载《行政与法》2004 年第 8 期。

⑤ 杨解君：《行政法学》，中国方正出版社 2002 年版，第 117 页。

⑥ 崔卓兰、吕艳君：《行政许可的学理分析》，载《吉林大学学报（社会科学版）》2004 年第 4 期。

⑦ 参见李秀枝诉荥阳市人民政府不履行法定职责案，〔2017〕最高法行申 1689 号。

可以习惯法的身份影响司法判决。而司法机关亦有权根据有关规定①，撤销乡镇人民政府的备案，从而使得村规民约在司法诉讼中丧失影响力，建立村规民约侵害村民合法权益时的司法救济途径。

（三）村规民约的审查机制

首先，要再次明确的是，备案与审查是两个不同的制度概念，法律已经明确规定了村规民约的备案制度。但是，村规民约在制定过程中仍需要一套独立于备案制度的审查机制，简而言之，村规民约监督机制需要从单一备案制向备案审查机制转变。究其原因主要有以下两点：一是村规民约规范之内容为村务管理和村民自治，与村民人身财产利益可谓息息相关，是村民的"小宪法"，但是现实中不合法、不合理的村规民约规定却是屡见不鲜，严重侵犯村民的人身财产权益，影响村民的生产积极性。为了杜绝此类情况的出现，需要对村规民约的合法性、合理性进行严格审查，然后再报乡镇人民政府正式备案。二是建立一套独立于备案的审查机制能有效增强监督效果，单一的备案往往在实际操作中不能起到监督的作用，审查行审查之用，备案行告知公示之用，相辅相成，相得益彰。另外，在审查主体问题上，审查的种类分为司法审查、政府审查和人大审查，由于现实中难以把村规民约纳入司法审查的范围，因此，不具有可操作性，乡镇一级人民代表大会由于不设有常务委员会，仅设有主席和副主席，实践中主席和副主席并不具备常设机构的特征和作用，因此，也不适合作为村规民约的审查主体。而乡镇政府作为村民委会组织法法定的备案主体，在人员机构上应具有常设性。其次，基层政府机关工作人员了解基层情况又具备一定的法律知识，承担起村规民约审查任务相对合适。村规民约的审查包括内容审查和形式审查两部分，内容审查要求村规民约不违反各上位法之初级规则，上位法范围广泛应包括法律法规和规章政策；形式审查要求村规民约的制定过程要符合村民委员会组织法和其他有关法律法规中次级规则规定，要确保内容合法、程序合法，合乎公平正义的要求。村规民约审查机制的一大问题在于村规民约经审查和备案以后，若事后发现仍存在不合理甚至不合法的内容，是否应赋予乡镇政府撤销和改变的权利？乡镇政府是否有权主动启动审查？一方面要防止政府行政力量过多地干预村民自治活动，另一方面又要体现村民委

---

① 最高人民法院《关于执行〈中华人民共和国行政诉讼法〉若干问题的解释》第59条规定："根据行政诉讼法第五十四条第二项规定判决撤销违法的被诉具体行政行为，将会给国家利益、公共利益或者他人合法权益造成损失的，人民法院在判决撤销的同时，可以分别采取以下方式处理：（一）判决被告重新作出具体行政行为；（二）责令被诉行政机关采取相应的补救措施；（三）向被告和有关机关提出司法建议；（四）发现违法犯罪行为的，建议有权机关依法处理。"

员会组织法赋予乡镇人民政府对于村规民约的监督权。怎样的审查设计最为合理是亟待解决的问题，笔者将在本文最后部分中给出建议。

三、诸暨市路西新村村规民约制定与备案审查

（一）"枫桥经验"的继承与发展

"枫桥经验"源于诸暨，是著名的地方治理经验。20 世纪 60 年代初，枫桥镇干部群众创造了"发动和依靠群众，坚持矛盾不上交，就地解决。实现捕人少，治安好"的"枫桥经验"。毛泽东亲笔批示"要各地仿效，经过试点，推广去做"。自 2003 年以来，"枫桥经验"逐渐从基层社会综合治理经验转变为基层社会依法治理的新样本。特别是"民主法治村"建设的全面开展和"法治诸暨"的实施，大大提升了"枫桥经验"的内涵与外延，使"枫桥经验"逐渐走向法治化的方向。"枫桥经验"是贯彻群众路线的结果，同时也是公民参与社会管理的重要方式；也蕴含着基层协商民主发展、基层法治成长的巨大空间。"枫桥经验"的生命力在于与时俱进，未来"枫桥经验"的发展方向就是走向法治之路。事实上，枫桥泉四大队早在 1977 年就制定过《枫桥区檀溪公社泉四大队治安公约》，这是改革开放前后中国基层社会较早由群众自发制定的村规民约之一。1987 年《枫桥区乐山乡大溪村村规民约》、2006年《枫源村民主治村规程》都是一些非常优秀的村民自治规范；① 此外，枫桥镇陈家村与中南财经政法大学课题组曾在 2008 年合作制定过一套《陈家村村规民约》。这些工作为基层社会治理法治化建设奠定了一定基础；也为"枫桥经验"法治化积累了宝贵经验。建立和完善村规民约监督机制——备案审查机制，也是巩固和发展"枫桥经验"的重要内容。

（二）路西新村村规民约制订"五步法"

罗尔斯说正义是社会制度的首要价值。② 程序正义又是实体正义的前提。路西新村高度重视村规民约制订过程的合法化，严格按照村民委员会组织法和《浙江省实施（中华人民共和国村民委员会组织法）办法》的规定展开制定工作。制定流程可以分为"起草、审议、审查、表决、公示备案"五个步骤。

---

① 余钊飞：《村规民约与基层社会的法治建设》，载《云南大学学报》2009 年第 6 期。

② ［英］约翰·罗尔斯：《正义论》，何怀宏、何包钢、廖申白译，中国社会科学出版社 1988 年版，第 1 页。

起草阶段，由村两委组织村规民约起草小组，起草小组通过上门座谈、村委会宣传窗意见征求、召开户主会议、广播宣传等方积极征求广大村民的意见，拟定出一份村规民约的建议稿。审议阶段，由起草小组会同村两委、村民代表以及村法律顾问进行初步审议，审议的内容主要是村规民约内容是否合村民委员会组织法，是否与国家的战略方针和党的政策紧密联系、方向一致，是否符合本村村情以及是否具有可操作性。审查阶段，将审议后的表决稿提交乡镇人民政府审查。为了加快"最多跑一次"改革，要求审查结果书面回复，不合格的责令重新修改。表决阶段，由村委会组织召开村民大会对村规民约修订草案进行表决，由本村过半数 18 周岁以上村民或 2/3 以上户的代表参与，并经与会人员过半数通过方能生效。表决过程出现重大分歧时，暂时搁置，延缓表决，推迟修订；公示备案阶段，修订草案表决通过后，在村内公示 7 日。公示期过后无异议即日生效，同时提交乡镇人民政府备案。路西新村在村规民约备案审查机制方面经验丰富，形成了 1（1 套村民自治章程）＋1（1 套村规民约）＋X（多个实施细则）的乡村自治规则体系，在基层治理中取得了丰硕成果。

（三）内外部审查结合机制

路西新村作为村规民约法治化体系化的试点村，实行内部审查（村民群众自审）与外部审查（乡镇人民政府审查）相结合的审查机制。所谓村规民约的内部审查，是指由村民集体完成村规民约合理性审查，由驻村法律服务工作者完成村规民约合法性审查。具体而言，在审议阶段，由起草小组会同村两委、村民代表以及村法律顾问对村规民约建议稿进行初步审议。在这个阶段，一方面，广大村民可从切身利益出发，对村规民约建议稿充分发表意见，实现村集体利益与村民个人利益的平衡，进而使整体利益最大化。内部审查是村规民约重要审查方式，能够帮助增加村民自治法治化经验积累，提高村民法治意识。同时，又是平衡和协调利益冲突的重要手段，是著名地方治理经验"枫桥经验"在实际应用中的具体体现。另一方面，在提交乡镇人民政府审查之前，由村法律顾问对意见稿的内容合法性进行初步审查，可把好村规民约审查的第一道关。

在村规民约的外部审查阶段，即政府审查阶段，由乡镇人民政府对村规民约建议稿进行审查。乡镇政府虽独立于村民集体，但也是上级政府与基层之间的联系纽带，事实上扮演着村民集体的管理者兼服务者的双重角色。作为管理者，要保证国家意志在基层的体现，而国家意志又主要体现为成文法律法规和国家制定的方针政策。易言之，就是要确保村规民约不得违反法律法规和国家的方针政策，乡镇人民政府若在村规民约审查过程中发现与国家意志相抵触的内容，应当不予通过并要求村民会议对村规民约进行修改。只有当国家意志与代表村民意志的村规民约一致时才能取得基层法治建设的胜利；作为服务者，更要保护村民自治的实现，对于村规民约中合法合理的内容不得凭自己的一孔偏见横加干涉，更不得在无法律依据且未经村民会议同意的情况下私自增加、删减或修改村规民约建议稿的内容。在进行村规民约外部审查时，乡镇政府一方面要充分考虑国家意志与村民自治之间存在的矛盾冲突，审查村规民约合法与否；另一方面要尊重村民会议拟定的村规民约建议稿，不得滥用权力干涉宪法赋予村民的自治权利。总的来说，村规民约的内部审查就是一个实现村民个体利益与村集体利益动态平衡的过程，而外部审查就是一个实现村民自治与国家意志动态平衡的过程。当这两种平衡达到一个最佳的状态，就意味着实现了村规民约价值的最大化，一部优秀的村规民约便可诞生。

（四）"最后十里"——公示与备案

诗云："行百里者半九十。"此言末路之难也。公示与备案看似已经到了村规民约制订的"末路"，但却决不可小觑这"最后十里"。因为不论是法律还是村规民约都应该被公众所知晓，公示与备案起到的作用恰恰就是揭开它们的面纱，将它们暴露在公众的视野之下。富勒说："十分明显的是，如果规则不向民众公布，人们便无法监督负责适用和执行这些规则的人是否无视其规定。"① 村规民约的公示与备案正是为了避免人们对村规民约内容不知，政府和村民都无视村规民约的情况发生。另外，由于浙江经济飞速发展，已成为全国经济发展的重要引擎。外来人员流动呈现出常态化和复杂化，形成大量外来人员和本地居民混居的现实状况。村规民约的公示与备案能让外来人员更好地实现入乡随俗。笔者对路西新村村规民约公示与备案情况进行了调查，除了在村宣传栏公示7日之外，大唐镇②政府也会对通过表决的村规民约进行公示并备案。公示与备案工作以及之前审查工作的任务统一交予镇政府社会治安综合治理办公室处理，工作人员将表决稿在镇宣传公示栏公示15日，15日后备案并将村规民约全文上传"浙江省万村联网"网站供村民和外来务工人员查询。走完走好村规民约备案审查之路"最后十里"。

① ［美］富勒：《法律的道德性》，邓戈译，商务印书馆2005年版，第61—62页。
② 大唐镇辖路西新村，中国袜艺小镇，袜产占中国65%，世界产量的1/3。

四、关于村规民约备案审查机制的几点思考

诸如路西新村的优秀经验，经过实践检验证明是可行的。并且这些优秀的本土经验具有其代表性。理由有二：首先，全国各地村规民约制订过程出现的问题具有相似性。通过"北大法宝"搜索关键词"村规民约"，得出的 14754 件案例。① 集中的问题主要体现在，村规民约违反宪法、法律和法规，经典案例有"宁兆龙诉肖邦贵案"②；村规民约侵害妇女权益，经典案例有"李长妹等不服行政经济组织成员确认纠纷案"③。其次，诸暨市的试点经验在全国推广具有可行性。尽管我国地区贫富差距较大，但较为富裕的东部地区可以采用聘任制来引进法律人才，较为落后的中西部地区则可以通过外部点对点法律援助的方式来帮助自己完善村规民约备案审查机制。村规民约备案审查问责制的建立主要依赖于健全的行政体系，而全国各地的行政体系差别是不大的。各地均可以根据自己的实际情况开展村规民约备案审查的试点工作，继而总结经验全面推行。笔者基于自己对诸暨市的实证考察总结出的一些优秀经验，对村规民约备案审查机制提出以下几点建议。

（一）引进法律人才，建立完善法律援助与服务制度

依法治国是国家治理基本方略。农村较为落后的法治环境需要改善，薄弱的法律意识需要提高。向农村引进法律人才，建立完善法律援助和服务制度能有效帮助提高村民法律意识，实现法律专业人才价值，更好贯彻实施村规民约备案审查机制。法律人才的引入渠道多种多样，比如，相对富裕的路西新村主要通过外聘律师作为村法律顾问，或者与国内高校合作制定村规民约等方式引入高素质法律人才；但由于我国中西部地区经济发展落后，缺乏资金外聘律师，全国性普及高校合作的方式也显得有些好高骛远。对于欠发达地区的困境，提供法律援助和法律服务等志愿性、援助性的法律支持是最好的解决方案。

司法所是基层综合治理重要成员之一，诸暨市涉及党组织书记、委员调整

---

① 参见 http：//www.pkulaw.cn/Case/，2018/7/2414：45。
② 参见宁兆龙诉肖邦贵等土地承包经营权纠纷案，〔2017〕吉 05 民终 1349 号。
③ 参见李长妹等不服韶关市浈江区十里亭镇人民政府行政经济组织成员确认纠纷一案，〔2009〕韶浈法行初字第 23 号。

的 152 个行政村,① 都由乡镇人民政府司法所下派一名驻村干部进行法律宣传教育和村规民约备案审查等协助工作。驻村干部作为基层司法实践活动一线人员,要充分发挥其作用和价值;2017 年 9 月,致公党杭州市委会法律服务团在建德市航头镇设立法律服务基地,团内主要人员均系浙江省知名律所执业律师,具有专业法律知识素养,能够为村规民约备案审查机制保驾护航。另外,依托发达的网络建立网上法律援助平台,使法律咨询更加便捷、高效,对村规民约备案审查机制也能起到非常重要的推动作用。这些法律援助、服务的模式都可以在浙江甚至全国各地借鉴和推广,以推动村规民约备案审查机制建立完善和依法治国方略在基层的贯彻落实。

(二) 建立救济制度,实行村规民约审查备案问责制

谁都不能苛求任何一个村庄必须制定出一部尽善尽美的村规民约,这显然是不现实的黄粱美梦。那么当村规民约制定以后,出现问题和瑕疵,造成村民合法权益被侵害时,如何进行救济?事后救济的方法可以分为行政救济和司法救济两种。行政救济,村民寻求救济的对象是行政机关。宪法赋予了公民建议权,② 公民有向国家机关或国家机关工作人员提出建议的权利。村民在认为村规民约不合法或者侵犯自己合法权益的时候,可以向乡镇人民政府要求审查该村规民约,并且说明理由。乡镇人民政府原则上必须针对村民的要求和理由启动审查,出于审查村规民约内容的工作并不复杂而且基层人民政府高效工作是其自身的责任所在这两方面的考虑,基层人民政府应在两周内书面答复村民审查结果,以保证村民能在最短时间内得到答复并在最大限度上保障自己的合法权益免受侵害。笔者赞成"行政或司法之手"不应过多干预村民自治,实际上"请求判令行政机关确定村委会选举日案"③ 最终法院判决原告败诉的做法也支持了笔者的观点。出于这样的原因,笔者认为乡镇人民政府不应主动对已备案的村规民约进行事后审查,乡镇人民政府只需向村两委提出修改建议并且向可能因村规民约遭受不利益的村民发出提醒即可,在起到村规民约监督作用的同时也限制了行政力量对村民自治的干预,是笔者认为最佳的处理方式。在

---

① 来诚、翁均飞:《诸暨制度化规范村级换届工作"交接立规矩,换届不换挡"》,载《浙江日报》2017 年 4 月 28 日第 12 版。

② 《宪法》第 41 条规定:"中华人民共和国公民对于任何国家机关和国家工作人员,有提出批评和建议的权利;对于任何国家机关和国家工作人员的违法失职行为,有向有关国家机关提出申诉、控告或者检举的权利,但是不得捏造或者歪曲事实进行诬告陷害。"

③ 厦门市翔安区人民法院〔2004〕翔行初字第 1 号;厦门市中级人民法院〔2004〕厦行终字第 58 号。

审查过程中发现村规民约确实违反宪法、法律法规或者公序良俗的，乡镇人民政府不可以直接更改或者撤销村规民约建议稿。而应当立即通知村两委，限期组织村规民约修订小组对该村规民约进行修改补正，限定的期限长短要根据紧急程度以及重新召开村民会议完成修正工作所需要的时间来确定，一般来说限期不宜过长，不过，若出现建议稿大面积内容需要修正或者重新召开村民会议有较大难度而需要较长时间完成修正的情况，可以特殊考虑适当延长限期。乡镇人民政府经审查发现村规民约不存在不合法、不合理问题的，应当向建议人出具书面答复，并说明理由。

村规民约备案的法律性质当属外部行政行为，且备案是村规民约生效要件，这点在前文已经有过论述。因此，对乡镇人民政府的处理决定不服的，建议人可以向乡镇人民政府的上级行政机关，即市（县）级人民政府提出复审的要求。市（县）级人民政府发现乡镇人民政府处理不妥的，应当责令乡镇人民政府改变决定或者直接撤销原来乡镇人民政府的备案。另外，市（县）级人民政府发现乡镇人民政府工作人员在村规民约备案审查和经建议启动审查时存在过错的，应当追究相关责任人的责任。一般可以处以警告或者通报批评，对严重玩忽职守造成村民或者集体利益重大损失的，予以处分、降级并承担损失赔偿责任。司法救济，村民寻求救济的对象是人民法院。村民认为自己的合法民事权益因村规民约受到侵害或者行政救济手段穷尽时，可以向人民法院提起民事诉讼。人民法院应当查清民事纠纷原委，依法进行调解或者审判。同时对有争议的村规民约进行附带审查，决定适用或者不适用。现实中，也有就村规民约提起行政诉讼并被法院受理的，① 法院也可依照行政诉讼法的相关规定撤销村规民约的备案，使之在司法诉讼中失去影响力，这在前文已经详细的论述，此处不再赘述。

（三）结合试点经验，逐步实现村规民约备案审查机制规范统一

村民委员会组织法虽然规定了村规民约备案审查的制度，却没有具体规定如何备案，如何审查，这无疑给实际操作带来了不小的困难。只有尽快规范统一村规民约备案审查机制，村规民约备案审查才能真正贯彻实施。为此诸暨市已经在大唐镇路西新村、草塔镇上下文村、枫桥镇枫源村等多个村镇展开试点，并得到了丰富有价值的村规民约备案审查经验。其中，审查阶段实行内外部审查结合机制，加强村规民约的审查力度。乡镇人民政府不得主动审查村规民约，必须经村民建议方可审查。另外，乡镇人民政府不可直接撤销或改变村

---

① 参见李秀枝诉荥阳市人民政府不履行法定职责案，〔2017〕最高法行申 1689 号。

规民约。必须重新组织村民会议，并经村民会议表决修改，保证村民自治不受过多行政干预。备案阶段，明确公示时间不得少于 15 日。村规民约备案工作必须要有乡镇人民政府司法所或者综治办具有专业法律知识的工作人员参与或处理。未来村规民约备案审查机制的规范统一，需要结合已有的成功经验继往开来。成功经验可以为全省乃至全国借鉴和推广，尽快为村规民约备案审查工作提供规范化、专业化的指引，做到村规民约备案审查有规可依。

结　语

村规民约备案审查机制无论从法律层面还是现实层面来看都有其必要性。村规民约的审查解决村规民约本身的合法性、合理性问题；村规民约的备案对上起报告作用，对下起公示作用。诸暨市是著名地方综合治理经验"枫桥经验"的发源地，从诸暨市的实证考察结果来看，路西新村村规民约备案审查机制是"枫桥经验"在基层治理中的体现和发展，诸暨市村规民约制定试点工作可为村规民约备案审查机制的规范统一提供参考。

（责编：李美郡　审校：张笈）

《南开法律评论》注释体例

一、总则

（一）提倡引用正式出版物，独著类书籍无须在作者名称后加"著"字；非独著类书籍，根据被引资料性质，应在作者姓名后加"主编""编译""编著""编选"等字样。

（二）文中注释一律采用脚注。文章标题用"＊"标注，如需要说明课题项目；作者用"＊"或"＊＊"标注；正文采用每页重新注码，注码放标点之后；投稿时用数字加圆圈标注，样式为：①②③等。

（三）非直接引用原文时，注释前加"参见"；非引用原始资料时，应注明"转引自"，应尽可能避免使用"转引"。

（四）引文涉及同一资料相邻数页，注释页码部分可标注为：第×－×页。

（五）引用自己的作品时，请直接标明作者姓名，不要使用"拙文"等自谦词。

二、分则

（一）著作类

1. 注释信息编排方式为：作者姓名：《著作名称》，出版社名称××××年版，第×页或第×－×页。

2. 著作若有副标题，以破折号与标题隔开。

3. 著作的版次紧随著作名称，以"（第×版）""（修订版）"或"（增订）"的方式表示。

4. 合著应标明全部作者姓名。三人以上合著的，第一次出现时，应写明全部作者姓名；第二次出现时，可以在第一作者之后加"等"字省去其他作者姓名。作者姓名之间以顿号（、）隔开。

5. 多卷本著作应在著作名称后，以"（第×卷）""（第×册）"或"（第×辑）"注明卷、册或辑数。

示例：① 王泽鉴：《民法学说与判例研究》（第 1 册），北京大学出版社 2009 年版，第 4 页。

（二）论文类

1. 注释信息编排方式为：作者姓名或名称：《文章名称》，载《期刊名称》××××年第×期。

2. 须在期刊杂志名称之前加"载"字，辑刊或文集论文须在主编者名称之前加"载"字。

3. 以"××××年第×期"标注期刊杂志的出版时间，不使用"第×卷第×期"的标注方式。

示例：① 苏永钦：《私法自治中的国家强制》，载《中外法学》2001 年第 1 期。

（三）文集类

1. 注释信息编排方式为：作者姓名：《文章名称》，载×××主编/等：《著作名称》，出版社名称××××年版，第×页。

2. 译著类文集注释信息编排方式为：作者姓名：《文章名称》，译者姓名译，载×××主编/等：《著作名称》，译者姓名译，出版社名称××××年版，第×页。

示例：① ［美］J. 萨利斯：《想象的真理》，载 ［英］ 安东尼·弗卢等：《西方哲学演讲录》，李超杰译，商务印书馆 2000 年版，第 112 页。

（四）译作类

1. 书籍类注释信息编排方式为：［国别名］作者姓名：《著作名称》，译者姓名译，出版社名称××××年版，第×页。

2. 论文类注释信息编排方式为：［国别名］作者姓名：《论文名称》，译者姓名译，载《期刊名称》××××年第×期。

示例：① ［法］卢梭：《社会契约论》，何兆武译，商务印书馆 1980 年版，第 55 页。

（五）法典类

注释信息编排方式为：《法典名称》，译者姓名，出版社名称××××年版，第×页或第×－×页。

示例：①《德国民法典》（第3版），陈卫佐译注，法律出版社2010年版，第76页。

（六）报纸类

1. 注释信息编排方式为：作者姓名：《文章名称》，载《××日报或报》××××年×月×日×版或第×版，如果查不到具体版数，可以不录。

2. 采访类文章应注明记者姓名。

示例：① 刘均庸：《论反腐倡廉的二元机制》，载《法制日报》2004年1月3日第5版。

（七）古籍类

1. 应注明责任人、书名、卷次或责任人、篇名、部类名、卷次、版本等。

2. 常用古籍可以不注明编撰者和版本。

示例：①《史记·秦始皇本纪》。

（八）辞书类

参照书籍类著作的注释体例。

示例：①《新英汉法律词典》，法律出版社1998年版，第24页。

（九）外文类

依从该文种注释习惯。

（十）网络文献类

网络文献需附网址及访问日期。

《南开法律评论》编辑部

《南开法律评论》稿约

1920 年，张伯苓先生提出南开大学要"以中国历史、中国社会为学术背景，以解决中国问题为教育目标"。坚守"知天下服务天下"优良传统的南开法学院学子，于 2004 年起自主创办学术刊物《南开法律评论》，旨在为广大法律人建立一个高层次的学术交流平台。迄今为止，本刊已编辑出版十余期，中国知网（CNKI）全文收录。

《南开法律评论》立足中国法治发展，关注国内外学科研究动态，坚持严格的三审匿名审稿制，以学术水平、学术规范和实务价值作为稿件录用的唯一标准。经过十余年的发展，《南开法律评论》已然成为法学院学子追踪法治前沿、彰显南开之声的重要阵地，刊物发展日新月异。

本刊下辟"主题研讨""各科专论""评论""判解研究""调查""书评"等栏目，诚向法学研究人员、法律实务界人士及广大青年学子征稿。专栏文章字数一般控制在 2 万以内，来稿篇幅以 8000—15000 字为宜。本稿约常年有效。

通讯地址：天津市津南区海河教育园区同砚路 38 号
南开大学法学院《南开法律评论》编辑部
邮政编码：300350
投稿信箱：nklawreview@ 163. com

《南开法律评论》编辑部
2019 年 3 月